Bernd Bachmeier
Selbstständig als Yogalehrer/in

Bernd Bachmeier

# Selbstständig als Yogalehrer/in

interna

Dieser Ratgeber wird digital produziert. Die laufende Einarbeitung von Änderungen und Ergänzungen garantiert stets optimale Aktualität und Rechtssicherheit.

VlB-Titelmeldung
Selbstständig als Yogalehrer/in
ISBN 978-3-939397-85-4

© 2011 by Verlag interna GmbH

Umschlaggestaltung: workstation GmbH, Bonn
Satz: Josef Hambitzer, Bonn
Druck: Bonner Druck & Medien GmbH, Bonn
Lektorat: Janine Hassink, Bonn

Verlag interna GmbH
Handelsregister HRB 15534
Amtsgericht Bonn
Geschäftsführer: Jörg Mielczarek
Auguststr. 1, 53229 Bonn
Tel.: 02 28 / 85 44 98-0, Fax: 02 28 / 85 44 98-20
www.interna-aktuell.de
www.interna-express.de
mail@interna-aktuell.de

Printed in Germany

# Inhalt

**Motivation des Buches** .................................... 10

**Einleitung** ................................................ 11

**1 Grundvoraussetzungen für eine erfolgreiche Selbstständigkeit** .... 14

**2 Anders als andere Yogalehrer/innen** ........................ 17

**3 Vier Fragen am Anfang** ................................... 18
   3.1 Gibt es für Ihr Angebot einen Markt? ................. 18
   3.2 Ist der Markt groß genug? ............................ 19
   3.3 Wie ist der Markt geografisch gegliedert? ............ 19
   3.4 Ist der Markt bereit, für Ihr Angebot zu zahlen? ..... 20

**4 Einleitung Unternehmenskonzepte** .......................... 21
   4.1 Unterricht an den Volkshochschulen .................. 22
      4.1.1 Die Vorteile ................................. 22
      4.1.2 Die Nachteile ................................ 24
   4.2 Arbeit in der eigenen Yogaschule ..................... 28
      4.2.1 Die Vorteile für die Teilnehmerinnen ......... 28
      4.2.2 Die Nachteile für die Teilnehmerinnen ........ 30
      4.2.3 Vorteile für die Yogalehrerin ................ 31
      4.2.4 Nachteile für die Yogalehrerin ............... 33
      4.2.5 Was ist notwendig? ........................... 35

**5 Die Gründungsschritte** .................................... 36
   5.1 Die Spielregeln ...................................... 36
      5.1.1 Yogalehrerinnen sind Freiberuflerinnen,
           keine Gewerbetreibende ................... 36
      5.1.2 Yogalehrerinnen sind meldepflichtig .......... 36
   5.2 Die Kleinunternehmerregelung ......................... 40
   5.3 Versicherungen ....................................... 41
   5.4 Die Wahl der Rechtsform .............................. 45
      5.4.1 Einzelunternehmen ............................ 46

  5.4.2 Die Gesellschaft des bürgerlichen Rechts (GbR) . . . . . . . . . 46
  5.4.3 Partnergesellschaften (PartGG) . . . . . . . . . . . . . . . . . . . . . . 47
  5.4.4 Der Verein . . . . . . . . . . . . . . . . . . . . . . . . . . . . . . . . . . . . . . . 47
 5.5 Steuern . . . . . . . . . . . . . . . . . . . . . . . . . . . . . . . . . . . . . . . . . . . . . . . . 49
  5.5.1 Umsatzsteuer . . . . . . . . . . . . . . . . . . . . . . . . . . . . . . . . . . . . . 49
  5.5.2 Einkommensteuer, Kirchensteuer und Solidaritätsbeitrag . . . . 49
  5.5.3 Gewerbesteuer . . . . . . . . . . . . . . . . . . . . . . . . . . . . . . . . . . . . 50
  5.5.4 Lohnsteuer . . . . . . . . . . . . . . . . . . . . . . . . . . . . . . . . . . . . . . . 50
  5.5.5 Schonfristen . . . . . . . . . . . . . . . . . . . . . . . . . . . . . . . . . . . . . . 51
  5.5.6 Sozialversicherungsbeiträge . . . . . . . . . . . . . . . . . . . . . . . . . . 51
  5.5.7 Aufbewahrungsfristen . . . . . . . . . . . . . . . . . . . . . . . . . . . . . . 51

**6 Der Businessplan** . . . . . . . . . . . . . . . . . . . . . . . . . . . . . . . . . . . . . . . . . . . 53
 6.1 Förderprogramme des Bundes und der Länder . . . . . . . . . . . . . . . . . . 61
  6.1.1 Der Gründungszuschuss . . . . . . . . . . . . . . . . . . . . . . . . . . . . . 61
  6.1.2 Das Einstiegsgeld . . . . . . . . . . . . . . . . . . . . . . . . . . . . . . . . . .65
  6.1.3 Existenzgründungsberatung . . . . . . . . . . . . . . . . . . . . . . . . . . 67
  6.1.4 Gründercoaching Deutschland . . . . . . . . . . . . . . . . . . . . . . . .67
  6.1.5 KfW-Startgeld . . . . . . . . . . . . . . . . . . . . . . . . . . . . . . . . . . . . 68
  6.1.6 Bürgschaften des Bundes und der Länder . . . . . . . . . . . . . . . 69
 6.2 Checkliste vor der Gründung . . . . . . . . . . . . . . . . . . . . . . . . . . . . . . . 70

**7 Nach der Gründung** . . . . . . . . . . . . . . . . . . . . . . . . . . . . . . . . . . . . . . . . 72
 7.1 Betriebseinnahmen . . . . . . . . . . . . . . . . . . . . . . . . . . . . . . . . . . . . . . 72
 7.2 Betriebsausgaben . . . . . . . . . . . . . . . . . . . . . . . . . . . . . . . . . . . . . . . 72
  7.2.1 Einleitung . . . . . . . . . . . . . . . . . . . . . . . . . . . . . . . . . . . . . . . 72
  7.2.2 Nachweis der Betriebsausgaben . . . . . . . . . . . . . . . . . . . . . . 73
 7.2 Organisatorisches . . . . . . . . . . . . . . . . . . . . . . . . . . . . . . . . . . . . . . . 84
 7.3 Kursorganisation . . . . . . . . . . . . . . . . . . . . . . . . . . . . . . . . . . . . . . . 86
 7.4 Preisgestaltung . . . . . . . . . . . . . . . . . . . . . . . . . . . . . . . . . . . . . . . . . 89
 7.5 Das Kassenbuch . . . . . . . . . . . . . . . . . . . . . . . . . . . . . . . . . . . . . . . . 90
  7.5.1 Das 3-Konten-Prinzip . . . . . . . . . . . . . . . . . . . . . . . . . . . . . . 92
 7.6 Tagesablauf einer Yogalehrerin . . . . . . . . . . . . . . . . . . . . . . . . . . . . 93
 7.7 Die Betriebsprüfung . . . . . . . . . . . . . . . . . . . . . . . . . . . . . . . . . . . . . 94

**8 Marketing** . . . . . . . . . . . . . . . . . . . . . . . . . . . . . . . . . . . . . . . . . . . . . . . . 98
 8.1 A.I.D.A. . . . . . . . . . . . . . . . . . . . . . . . . . . . . . . . . . . . . . . . . . . . . . 101
 8.2 Werbeetat . . . . . . . . . . . . . . . . . . . . . . . . . . . . . . . . . . . . . . . . . . . 103

8.3 Checkliste zum Texten erfolgreicher Anzeigen und Briefe ....... 104
8.4 Das richtige Timing ................................... 106
8.5 Das Auswerten von Zeitungen ........................... 106
8.6 Werbeträger ......................................... 108

**9 Checkliste nach der Gründung** ........................... 115

**10 Life-Work-Balance** ...................................... 116

**11 Wenn Sie der Mut verlässt** ............................... 119

**12 Fragen und Antworten** ................................... 120

**13 Zu guter Letzt** .......................................... 122

**14 Anhang** ................................................ 123
   14.1 Formulare, Verträge ................................. 123
      14.1.1 Anmeldebestätigung Yoga Kurs .................. 123
      14.1.2 Abmeldebestätigung Yoga Kurs .................. 124
      14.1.3 Teilnahmebestätigung für die Krankenkasse ........... 125
      14.1.4 Arbeitsvertrag Yogalehrerin ..................... 126
      14.1.5 Bewerbungsschreiben Volkshochschule ............... 128
      14.1.6 Unterrichtsvertrag ........................... 129
      14.1.7 Einzugsermächtigung .......................... 131
      14.1.8 Zahlungs- und Teilnahmebedingungen ............... 132
      14.1.9 Honorarvertrag Yoga-Übungsleiterin ................ 133
      14.1.10 Kurskonzept für die Krankenkasse ................. 134
   14.2 Aufgaben ......................................... 135
      14.2.1 Unternehmenskonzept Volkshochschule ............... 135
      14.2.2 Unternehmenskonzept Yogaschule (eigene Räume) ...... 136
      14.2.3 Erstellen Sie einen Werbeplan .................... 138
      14.2.4 Auswertung von Tageszeitungen ................... 138
   14.3 Literaturempfehlungen ............................... 139
   14.4 Wichtige Adressen .................................. 140
   14.5 Der Autor ........................................ 144

**Widmung**

In Dankbarkeit und Liebe widme ich dieses Buch meinem verstorbenen Vater.

Anrede
Aus Gründen der Lesbarkeit, habe ich im gesamten Buch die weibliche Anrede verwendet. Die männliche Variante wird aber explizit eingeschlossen.

Haftungsausschluss
Die folgenden Angaben wurden von mir nach bestem Gewissen erstellt. Die Angaben können allerdings keine persönliche Beratung durch eine Steuerberaterin oder Rechtsanwältin ersetzen. Für den Inhalt übernehme ich daher keine Haftung. Bitte wenden Sie sich in Steuerfragen an eine Steuerberaterin, im Falle einer Rechtsberatung an eine Rechtsanwältin.

# Motivation des Buches

In all meinen Existenzgründungsseminaren hat es bei meinen Teilnehmerinnen die Diskrepanz gegeben zwischen Spiritualität und Geld. Yoga mit Spiritualität gleichzusetzen ist gut. Geld ist schlecht. Je weniger (Geld) ich für den Yoga-Unterricht nehme, umso mehr werte ich den Yoga auf.

Ich habe im Laufe der Jahre die Erfahrung gemacht, dass das so aber leider überhaupt nicht stimmt. Die Motivation, dieses Buch zu, schreiben ist es, eine Verbindung zu schaffen zwischen diesen beiden Polen, die eigentlich gar keine Pole sind. Geld ist eine Form von Energie und Austausch und Yoga ist es auch. Wenn ich beides fließen lasse, dann entsteht daraus etwas Wunderbares und ich brauche keine Existenzangst mehr zu haben. Beide Seiten sind in gleicher Weise lebbar. Ich möchte mit diesem Buch erfahrbar machen, dass ich sehr wohl meinen spirituellen Weg mit Yoga in dieser Gesellschaft gehen kann, ohne ein schlechtes Gewissen zu haben, dabei Geld zu verdienen.
Nur, ich muss die Spielregeln kennen, dann kann ich dieses Spiel auch spielen. Wenn nicht, komme ich in große Schwierigkeiten und dann wird das Geldverdienen mit Yoga zu einem großen Problem.

Wenn ich meiner Berufung folgen möchte, dann sind die Rahmenbedingungen unter denen ich das umsetze von allergrößter Wichtigkeit. Ansonsten kreiere ich mir für die Zukunft großes Leid. Ein Sutra im Patanjali Yoga-Sutra (2.16) heißt „heyam duhkham anagatam". „Leid, das noch bevorsteht, lässt sich vermeiden." (Patanjali – Yogasutra, Arbeitsbuch, R. Sriram, Eigenverlag).

Ein Anliegen dieses Buches ist es, dass Sie, wenn Sie sich selbstständig machen möchten, stets Freude daran haben Yoga zu unterrichten, und dabei alle organisatorischen Aufgaben meistern lernen. Ein weiteres Anliegen ist es zu verhindern, dass Sie unnötig Geld ausgeben und sich in eine finanzielle Abhängigkeit begeben.

Und noch ein ganz wichtiger Punkt: Gehen Sie Ihren eigenen spirituellen Weg. Sie dürfen mit Yoga Geld verdienen!

Ich wünsche Ihnen viel Erfolg!

# Einleitung

**Stell dir vor, es ist Yoga und keiner kommt!**

*Herbst 1986. Um die finanzielle Lücke zwischen meinen letzten Volkshochschul-Kursen und meinem neuen Projekt „Eigene Yogaschule" zu schließen, hatte ich den ganzen Sommer über Ferienjobs angenommen. Mein drittes Kind war gerade ein Jahr alt. Um meine Familie zu ernähren, arbeitete ich in einer Eisengießerei, fuhr Pakete aus und stand in der Produktion eines großen Buchverlags am Band. Ich wusste damals noch nicht, dass ich fünf Jahre später genau für diesen Verlag das Buch „Fasten & Yoga" schreiben sollte. Das am Semesterende ausgezahlte Honorar der Volkshochschulen war längst aufge-braucht, die Stundenlöhne der Ferienjobs waren niedrig. Ich nahm jede Arbeit an, die ich bekommen konnte.*

*Ich hatte mich von allen Volkshochschul-Kursen getrennt und stand vor meinem ersten privaten Yoga Kurs. Noch stand ich allein da, denn keiner der angemeldeten Teilnehmerinnen war bislang erschienen. Von meinem letzten Geld hatte ich Fließtextanzeigen in der regionalen Tageszeitung geschaltet und den ca. 25 qm großen Raum in meiner Wohnung mit einem wunderschönen Rosenstrauß geschmückt. Um 19.45 Uhr ging ich zum ersten Mal nach draußen auf die Straße um zu schauen, ob meine Hinweisschilder für den Yoga Kurs noch hingen. Zum Kursbeginn um 20.00 Uhr wurde ich sehr unruhig. Es war noch niemand da. Als ich um 20.15 Uhr immer noch in meinem leeren Raum saß, wurde mir klar, dass mein Projekt „Eigene Yogaschule" gescheitert war. Da saß ich nun in einem leeren Raum und begann zu zweifeln. Ich hatte vor fünf Jahren meinen Beruf als Industriefachwirt aufgegeben. Die Arbeit wurde gut bezahlt, hatte mich aber krank gemacht. Ich suchte nach Alternativen und so kam ich zum Yoga. Fasziniert von der Wirkung dieses alten philosophischen Systems begann ich zuerst Unterricht zu nehmen, später dann selbst zu unterrichten. Ich war begeistert. Diese Begeisterung kam auch bei den VHS-Kurs Teilnehmerinnen an. Innerhalb weniger Jahre baute ich mir bei verschiedenen Volkshochschulen eine neue Existenz als Yogalehrer auf. Mit drei kleinen Kindern konnte ich davon aber nicht leben. Außerdem machte mir die viele Arbeit an den Volkshochschulen keinen Spaß mehr. Am Montag sehnte ich bereits den Freitagabend herbei. Meine 16 Yogakurse mit nahezu 250 Teilnehmerinnen waren eine Bela-*

*Einleitung*

stung für mich. Ich legte mit meinem Auto bei Wind und Wetter weite Strecken zurück. An den Winterabenden konnte ich mich nur schwer von meinen kleinen Kindern trennen. Ich hatte keine Zeit mehr für meine eigene Übungspraxis, geschweige denn für das kulturelle Leben und die Pflege von Freundschaften. Das Leben rauschte an mir vorbei.

Aus dieser Unzufriedenheit heraus entstand die Idee einer eigenen Yogaschule, die nun zu scheitern drohte. Da saß ich auf meiner Yogamatte mit all meinen Zweifeln und Ängsten und wusste nicht, wie es weitergehen sollte. Zu den Volkshochschulen zurück konnte und wollte ich nicht. Das Semester lief, eine Rückkehr in die alten Kurse war gar nicht möglich. Aber der Wunsch nach Sicherheit wurde riesengroß. Für einen Moment wollte ich aufhören, alles hinschmeißen und in meinen alten Beruf als Industriefachwirt zurückkehren. Ich hatte die ganze Zeit auf meine innere Stimme gehört. Sollte ich mich wirklich so getäuscht haben? Sollte ich wirklich den eingeschlagenen Weg verlassen? Ich tat es nicht, sondern begann in dem leeren Raum ohne eine einzige Kursteilnehmerin zu unterrichten. Ich hatte die Stunde so lange vorbereitet, mich so sehr darauf gefreut. Ich begann die Stunde mit einer Meditation: „Herr du hast mich an diesen Platz gestellt. Ich bin bereit. Schön dass du gekommen bist." Ich stellte mir dabei vor, dass in der nächsten Woche Menschen kommen würden. Auf der einen Seite des Raumes sechs Personen, auf der anderen Seite noch einmal Sechs. Ich in der Mitte. Es war die einsamste Yogastunde, die ich jemals gegeben habe. Als sie zu Ende war, sagte ich mehr zu mir als zu IHM: „Und nun schicke mir die Teilnehmerinnen!"

Ganz gespannt stand ich in der nächsten Woche um die gleiche Uhrzeit am Fenster meines Yoga-Raumes. Es klingelte: „Es tut mir leid, dass ich letztes Mal nicht da war. Ich musste meine Mutter ins Krankenhaus bringen. Jetzt ist sie mitgekommen und zwei Freundinnen auch." Zwei weitere Frauen kamen mit der Entschuldigung, dass sie mich nicht gefunden hatten. Ein Ehepaar hatte den ersten Kurstermin vergessen, drei weitere Personen kamen zum Schnuppern. Ich hatte noch einmal eine Fließtextanzeige geschaltet. Es waren jetzt elf Personen im Raum. Und der zwölfte Platz? Ich ließ ihn frei. Sie ahnen vielleicht schon, für wen! Dieses Ritual habe ich seitdem in allen meinen Gruppen beibehalten. Ein Platz blieb immer frei.

*Einleitung*

*Zurück zu meinem ersten privaten Yoga Kurs: Alle elf Personen blieben. Die erste Hürde war geschafft. Ich hatte mein altes Selbstvertrauen zurück gewonnen. Und nicht nur das: Ich hatte 1.650,00 DM (11 Personen á 150 DM für 10 Termine). Für mich eine unvorstellbar hohe Summe. Es war so viel Honorar, wie ich bei einer Volkshochschule für drei Yogakurse an 15 Abenden pro Semester bekam. Ein großes Gefühl der Zufriedenheit machte sich breit.*

*Wenn ich heute an meine erste Yogastunde zurückdenke, bin ich dankbar für die Erfahrung, die ich damals gemacht habe. Für einen Moment wollte ich alles aufgeben. Im Laufe der ganzen Jahre bin ich in meinem Yoga-Unterricht vielen interessanten Menschen begegnet. Ich habe Yogalehrerinnen ausgebildet und ausgebildete Yogalehrerinnen weitergebildet. Meine 27. Indienreise steht bevor. Ein Ende ist noch nicht abzusehen. Auf unseren selbst organisierten Studienreisen nach Indien bin ich meinen beiden Lehrern begegnet. Einer lebt am Fuße des Himalaya in Rishikesh, der Andere in Chennai. Ich war für sieben Jahre im Vorstand des Berufsverbandes der Yogalehrenden in Deutschland e.V. (BDY) für die Finanzen zuständig. Dort konnte ich die Geschicke des Verbandes mitgestalten. Ich bin von der Kreditanstalt für Wiederaufbau (KfW) als Unternehmensberater akkreditiert und kann meinen Erstberuf als Industriefachwirt mit meinem Zweitberuf als Yogalehrer verbinden. Aus diesen beiden Berufen ist etwas vollkommen Neues entstanden. In dieser Funktion berate und coache ich Yogalehrerinnen beim Aufbau ihrer eigenen Schule und bei der Strategieentwicklung neuer Konzepte. Lange bevor die Business-Yogawelle rollte, habe ich in Betrieben Yoga unterrichtet und arbeitete im Yoga-Einzelunterricht mit der Zielgruppe Führungskräfte. Zurzeit spiele ich in einer Gruppe, die sich auf Mantras spezialisiert hat (www.mantrasingen.com). Drei CDs sind auf dem Markt, davon eine ausverkauft. Neue Projekte und Auftritte sind in Planung. Alles, was ich in den letzten 30 Jahren gemacht habe, hat in irgendeiner Weise etwas mit Yoga oder mit Indien zu tun. Die Yoga-Philosophie hat mein Leben stark geprägt und verändert.*

*Ich habe das Gefühl, dass ich die ganzen Jahre immer am richtigen Platz war. Auch wenn schwere Zeiten dabei waren; ich bin dankbar für jede Minute meines Lebens und möchte mit keinem anderen Menschen tauschen.*

*Grundvoaussetzungen*

# 1. Grundvoraussetzung für eine erfolgreiche Selbstständigkeit

Nachfolgend habe ich Ihnen einige Grundvoraussetzungen aufgeführt, die für Sie wichtig sind, wenn Sie als Yogalehrerin erfolgreich in der Selbstständigkeit bestehen wollen.

Die Ausrichtung Ihrer Arbeit auf Ihr persönliches Lebensziel
Haben Sie sich schon einmal die Frage gestellt, wo Sie am Ende Ihres Lebens stehen wollen? Kennen Sie Ihr persönliches Lebensziel? Passt die Selbstständigkeit in Ihr Lebenskonzept? Oder ist es eher eine Belastung, die Sie von Ihrem Lebensziel wegbringt?

Spaß und Freude an der Arbeit
Etwas, was Sie unbedingt mitbringen müssen sind Spaß und Freude an Ihrem Yoga-Unterricht. Wenn Sie nicht mit Spaß und Freude bei Ihrer Arbeit sind, werden auch Ihre Teilnehmerinnen ohne Spaß und Freude nach Hause gehen. Das ist keine gute Werbung für Ihren Yoga-Unterricht. Ihre Stimmung überträgt sich sehr schnell auf Ihre Schülerinnen. Es werden Zeiten dabei sein, in denen es Ihnen nicht so gut geht, das ist ganz normal. Die Grundstimmung Ihrer Arbeit aber sollte mit Spaß und Freude auf Ihr Lebensziel ausgerichtet sein.

Fachkompetenz
Sie brauchen eine hoch qualifizierte Fachkompetenz. Nicht nur im Bereich des Yoga, sondern auch in den organisatorischen und kaufmännischen Bereichen, in der Unternehmensführung und im Bereich des Marketing, sowie in der psychotherapeutischen Begleitung. Suchen Sie immer nach Möglichkeiten, Ihre Fachkompetenz zu erhöhen. Diese hohe Fachkompetenz werden Ihre Teilnehmerinnen erkennen und wertschätzen. Die beste Werbung für Sie ist, wenn andere Menschen auf Empfehlung zu Ihnen kommen. Mit der Zeit werden Sie auf diese Weise in Ihrer Region bekannt werden. Yogalehrerinnen mit wenig Fachkompetenz arbeiten zu einem sehr niedrigen Preis. Es ist nur eine Frage der Zeit, bis sie wieder vom Markt verschwunden sind.

*Grundvoraussetzungen*

Selbstverantwortung
Als Freiberuflerin haben Sie ein außerordentlich hohes Maß an Selbstverantwortung. Machen Sie niemals Ihre Schülerinnen, Ihren Partner, den Markt oder das Finanzamt für Ihre Probleme verantwortlich. Es wird viele Dinge geben, denen sie die Schuld geben könnten. Übernehmen Sie die Verantwortung für sich selbst. Gehen Sie nicht in die Opferrolle. Das raubt Ihnen Energie und kann Sie tief nach unten ziehen. Das Leben geht auch dann weiter, wenn etwas schief läuft. Es gibt tausend Möglichkeiten, die Ihr Herz erfreuen. Richten Sie Ihre Aufmerksamkeit auf diese erfreulichen Dinge.

Standfestigkeit
Eine Teilnehmerin war drei Wochen nicht beim Unterricht und will den nächsten Monat dafür nicht zahlen. Bleiben Sie standfest und sagen Sie „Nein, das mache ich nicht!" Standfest zu bleiben ist am Anfang schwierig, zahlt sich auf Dauer aber aus. Manche Menschen werden versuchen, Ihre schwachen Punkte herauszufinden. Haben Sie ein Gespür dafür. Selbst auf die Gefahr hin, dass diese Schülerin sich von Ihrem Unterricht abmeldet: Bleiben Sie standfest. Sie ersparen sich auf Dauer sehr viel Ärger.

Klare Zielvorstellungen
Kennen sie Ihre Ziele? Wie viele Teilnehmerinnen wollen Sie bis zum Ende des Jahres in Ihren Yogakursen haben? Wie hoch soll der Umsatz im kommenden Kalenderjahr sein? An welchem Ort in der Toskana soll Ihr Ferienseminar stattfinden? Wann ist der Wechsel in eine größere Yogaschule geplant? Müssen Sie wirklich alle 14 Yogakurse selbst unterrichten, oder können Sie einen Teil der Kurse an eine Honorarkraft abgeben? Arbeiten Sie immer mit klaren Zielvorstellungen und versuchen sie dann, diese Ziele auch zu erreichen.

Entscheidungsfreude
Seien Sie mit Entscheidungen nicht allzu zögerlich. Wenn Sie merken, dass eine Honorarkraft Ihre Schülerinnen abwirbt, sollten Sie sich sofort von ihr trennen. Der wirtschaftliche Schaden wäre auf Dauer zu groß. Wenn Ihre Vermieterin Verabredungen nicht einhält und Sie zum x-ten Mal vertröstet, müssen Sie eine Entscheidung treffen. Wenn Sie merken, dass Sie aus drei Yogagruppen Eine machen können, dann zögern Sie nicht zu lange, sondern setzen Sie es zeitnah um.

*Grundvoraussettzungen*

<u>Positive Lebenseinstellung</u>
Sie kennen die Geschichte mit den beiden Gläsern? Das Eine ist halbleer, das Andere halbvoll. Der Blick auf das halbvolle Glas eröffnet Ihnen ungeahnte Möglichkeiten. Ich weiß aus eigener Erfahrung, dass es sehr schwer sein kann, in schwierigen Lebensphasen die positive Lebenseinstellung beizubehalten, aber Sie können Ihren Kursteilnehmerinnen nicht ein positives Lebensgefühl vermitteln, wenn Sie selbst schlecht drauf sind.

## 2. Anders als andere Yogalehrer/innen

Machen Sie alles anders als alle anderen. Schon bei der Auswahl Ihres zukünftigen Namens sollten Sie sich überlegen, ob Sie sich mit Ihrem eigenen Namen eine Marke aufbauen wollen. Für die Kursteilnehmerinnen ist es einfacher, sich bei einer Person anzumelden. Es ist viel persönlicher. Im alten Indien suchte sich der Schüler einen Lehrer. Er blieb mit seinem Lehrer zusammen. Er lebte bei ihm, lernte von ihm und irgendwann einmal bekam er die Erlaubnis, selbst zu lehren.

Schon in Ihrer Fachkompetenz sollten Sie darauf achten, dass Sie anders sind als alle anderen in Ihrem geschäftlichen Umfeld. Suchen Sie ständig nach Möglichkeiten, sich persönlich weiterzuentwickeln.

Arbeiten Sie auf Spezialgebieten und mit Zielgruppen, an die sich andere Yogalehrerinnen noch nicht heran getraut haben. Der Markt ist riesengroß, die Möglichkeiten nahezu unbegrenzt. Lassen Sie sich nicht von Kolleginnen irritieren, die Ihnen sagen, es sei unmoralisch, mit Yoga Geld zu verdienen. Sie können beides, Ihren spirituellen Weg gehen und für Ihre gute Arbeit gutes Geld bekommen. In erster Linie soll es Ihnen gut gehen, ebenso Ihrer Familie und Ihren Schülerinnen.

Bieten Sie außergewöhnliche Dinge an. Etwas, was Ihre Teilnehmerinnen im Umkreis von 50 Kilometern nicht bekommen. Dadurch unterscheiden Sie sich im positiven Sinne von den anderen Yogalehrerinnen. Es wird sich herumsprechen und Ihre Teilnehmerinnen werden im Familien- und Kolleginnenkreis davon erzählen. Die Mundpropaganda hat ihre eigene Wirkung. Bauen Sie sich einen Kreis von Stammkundinnen auf. Fragen Sie die Menschen, was sie brauchen und bieten Sie das Außergewöhnliche an.

# 3. Vier Fragen am Anfang

Am Anfang Ihrer beruflichen Selbstständigkeit sollten Sie sich die nachfolgenden vier Fragen stellen. Sie sind wichtig für Ihre Strategieentwicklung und für einen wirtschaftlichen Erfolg Ihrer beruflichen Tätigkeit.

## 3.1 Gibt es für Ihr Angebot einen Markt?

Sie können davon ausgehen, dass ca. 3% der Einwohnerinnen einer Stadt Interesse an Yoga und an spirituellen Themen haben. Diese 3% sind eher vorsichtig angesetzt. Es sind meine eigenen Erfahrungswerte, die ich in den letzten Jahren gesammelt habe. In der Zwischenzeit hat sich Yoga in der Gesellschaft fest etabliert. Es gibt keine Zeitschrift, in der nicht in irgendeiner Weise etwas über Yoga steht. Viele bekannte Schauspielerinnen und Musikerinnen berichten öffentlich, dass Sie Yoga üben. In jeder VHS, in jedem Fitnesszentrum und auf jedem Kreuzfahrtschiff gehört ein gutes Angebot an Yogakursen zum Standardprogramm.
Vor zehn Jahren kam eine Yogalehrerin zu mir, die die Idee hatte, sich mit einer Yogaschule in einer Kleinstadt selbstständig zu machen. Ihre Zielgruppe sollten schwangere Frauen sein. Die Stadt hatte zur damaligen Zeit eine Einwohnerzahl von ca. 15.000 Personen. Es wären also ca. 450 potentielle Yogainteressentinnen vorhanden gewesen. Die Stadt war eine Bergarbeiterstadt, hatte eine Technische Universität, an der man Werkstoffwissenschaften, Maschinenbau, Verfahrenstechnik, Natur- und Ingenieurwissenschaften studieren konnte. 10% der Einwohnerinnen waren Kinder. Etwa 40% der Menschen waren zwischen 17 und 40 Jahre, davon 20% Studenten, überwiegend männlichen Geschlechts. Die anderen 50% waren über 40 Jahre. Meine Frage an Sie: Hätte es für das Angebot „Yoga für Schwangere" in dieser Stadt einen Markt gegeben? Wohl eher nicht.
Das zweite Beispiel: Eine Yogalehrerin wollte sich auf das Unternehmenskonzept „Yoga in Betrieben" spezialisieren. Ihr Wohnort und Geschäftsort war überwiegend von Landwirtschaft und Tourismus geprägt. Meine Frage an Sie: „Gab es für dieses Angebot „Yoga in Betrieben" hier tatsächlich einen Markt?" In beiden Fällen wären die Enttäuschung und der wirtschaftliche Schaden vermeidbar gewesen.

## 3.2 Ist der Markt groß genug?

Bleiben wir bei unserer 3% Annahme. Im ersten Beispiel würden 450 Menschen als mögliche Yogaschülerinnen zur Verfügung stehen. Jetzt müssen Sie sich die Frage stellen: „Welche Angebote an Yoga gibt es außer meinem Angebot vor Ort noch?" Schauen Sie in das Kursprogramm der VHS. Addieren Sie die Yogakurse zusammen und multiplizieren Sie die Summe mit den möglichen Teilnehmerinnen. Wenn es schon eine Yogaschule vor Ort gibt, schauen Sie auf deren Internetseite. Dort sind die Kurse und die Mindestteilnehmerinnenzahl aufgelistet. Und wenn Sie es genau wissen wollen, rufen Sie in der Yogaschule an und fragen nach oder gehen Sie zum Arbeitskreistreffen der Yogalehrerinnen in Ihrer Region. Dort bekommen Sie eine Fülle an Informationen. Grundsätzlich können Sie davon ausgehen, dass eine Yogalehrerin bei ca. 10 wöchentlichen Yogakursen dauerhaft nicht mehr als max. 120 Personen unterrichten kann. Wenn Sie diese 120 Personen von den 450 potentiellen Yogainteressentinnen abziehen und noch einmal 10 Volkshochschulkurse mit jeweils 20 Personen (200 Personen) subtrahieren, verbleiben für Sie 130 Personen. 130 Personen mal 50,00 Euro Monatsbeitrag. Der Markt ist also groß genug! Woher Sie diese Daten bekommen? Schauen Sie ins Internet. Gehen Sie auf die Seite der Stadt, in der Sie unterrichten wollen. Dort sind alle wichtigen Eckdaten, einschließlich der Bevölkerungsstruktur aufgelistet. Besorgen Sie sich diese Informationen vorher. Betreiben Sie Marktforschung. Werten Sie diese Daten genau aus. Passen Sie Ihr Angebot an diese Daten an, nicht umgekehrt. Je mehr Informationen Sie über Ihre Zielgruppe haben, umso einfacher wird es sein, sich im Markt zu positionieren.

## 3.3 Wie ist der Markt geografisch gegliedert?

Kommen wir zurück auf unsere Yogalehrerin aus dem zweiten Beispiel. Sie hatte im Umkreis von 100 km keine Firma finden können, in der sie Yoga hätte anbieten können. Die Zielgruppe für Business Yoga befindet sich woanders. Können Sie sich vorstellen, dass Sie am Dienstag in Hamburg, am Mittwoch in Berlin und am Donnerstag vielleicht in München arbeiten? Wenn die Betriebe nicht vor Ort sind, müssen Sie dorthin reisen. Bei Tagessätzen von 800,00 Euro sind das 2.400,00 Euro die Woche. Passt dieses Modell zu Ihnen?

*Vier Fragen am Anfang*

## 3.4. Ist der Markt bereit, für Ihr Angebot zu zahlen?

Nehmen wir an, Sie haben sich auf „Yoga-Einzelunterricht" spezialisiert. Sie verfügen über eine hohe Fachkompetenz. Ihr Unterrichtsort ist eine Kleinstadt mit einer hohen Arbeitslosenquote. Sie verlangen für Ihre Einzelstunde 60,00 Euro. Was meinen Sie, werden Sie diesen Satz bekommen? In einer Großstadt mit einer geringen Arbeitslosenquote und einer hohen Lebensqualität wird es kein Problem sein.

Ein weiteres Beispiel aus meiner Erfahrung: Wenn Sie in einem Betrieb Yoga-Unterricht anbieten und Sie verlangen für Ihren Gruppenunterricht 40,00 Euro für 90 Minuten, wird man Sie wahrscheinlich nicht ernst nehmen. Hier sind Stundensätze von 80,00 Euro bis 120,00 Euro normal. Der Markt ist also durchaus bereit, für Ihr Angebot zu zahlen.

# 4. Einleitung Unternehmenskonzepte

Auf den folgenden Seiten stelle ich Ihnen zwei Unternehmenskonzepte vor. Zu jedem Unternehmenskonzept werde ich Ihnen die wichtigsten Dinge erklären und Sie auf die Rahmenbedingungen, sowie auf die Vor- und Nachteile hinweisen. In meiner fast 30-jährigen Tätigkeit als Yogalehrer habe ich beide Konzepte ausprobiert und dabei viele Erfahrungen gesammelt.

Damit Sie sich mit der Materie vertraut machen, ist es unbedingt notwendig, beide Konzepte durchzurechnen. Sie müssen sich mit diesen Dingen beschäftigen. Nur so entstehen mit der Zeit Ihr eigenes Konzept und Ihre eigene Idee, die es dann gilt, in der Zukunft umzusetzen. Beide Unternehmenskonzepte habe ich in der Anlage als Aufgabe beigefügt. Diese Ideen können Sie dann in einem Geschäftsplan zusammenfassen.

Wenn Sie sich über die Agentur für Arbeit selbstständig machen wollen, brauchen Sie einen Businessplan, oder auch Geschäftsplan genannt. Ebenso, wenn Sie aus dem Arbeitslosengeld II (Hartz IV) mit dem Einstiegsgeld in die Selbstständigkeit gehen wollen. Bei Kreditverhandlungen mit Ihrer Bank benötigen Sie diesen Plan ebenfalls.

Neben diesen zwei Unternehmenskonzepten existiert eine Fülle anderer Einkommensmöglichkeiten, auf die ich hier aus Platzgründen nicht näher eingegangen bin. Je besser Sie am Anfang planen, umso weniger Überraschungen werden Sie bei der Umsetzung erleben. Beschäftigen Sie sich ausführlich mit diesen Dingen.

Das erste Unternehmenskonzept ist die Arbeit an den Volkshochschulen. Dieses Konzept ist die freieste Form des Arbeitens. Es trägt das niedrigste Risiko.

*Einleitung Unternehmenskonzepte*

# 4.1 Unterricht an den Volkshochschulen

## 4.1.1 Die Vorteile

Ein guter Anfang
Sie haben Ihre Ausbildung abgeschlossen und wollen jetzt anfangen zu unterrichten? Sie möchten Ihre ersten Erfahrungen im Unterrichten sammeln? Einem größeren Publikum bekannt werden? Dann sind die Volkshochschulen ein guter Ansprechpartner für Sie. Dieses Konzept ist ohne Risiko. Sie können Ihr volles Potenzial entfalten. Wenn Sie eine sichere Einnahmequelle ohne großen organisatorischen Aufwand suchen, sind Sie bei einer Volkshochschule (VHS) gut aufgehoben.

Ein Yoga-Übungsleiterschein reicht aus
Sie brauchen für dieses Unternehmenskonzept keine langjährige Ausbildung. Es reicht ein Yoga-Übungsleiterinnenschein mit 265 Unterrichtseinheiten.

Eine sichere Einnahmequelle
Die VHS sind auf der Suche nach guten Honorarkräften. Der Honorarsatz pro Unterrichtseinheit (45 Minuten) liegt je nach Ihrer Qualifikation zwischen 10,00 Euro und 30,00 Euro. Wenn Ihre Yogakurse von den Krankenkassen nach § 20 SGB V im Präventionsbereich anerkannt sind, haben Sie einen Wettbewerbsvorteil. Ihr Honorar liegt dann im oberen Bereich. Sie müssen das Honorar vorher mit der VHS aushandeln. Sie können sicher sein, dass Sie Ihr Honorar am Ende des Yogakurses auch bekommen. Sie können Ihren Finanzplan für ein Semester aufstellen. Wahrscheinlich werden all Ihre Kurse voll sein, vielleicht sogar mit Wartelisten.

Keine Investitionen
Sie brauchen für dieses Unternehmenskonzept keine Investitionen tätigen. In der Regel sind die VHS mit Yogamatten, Sitzkissen und Stühlen ausgestattet. In den Außenstellen bringen die Teilnehmerinnen ihre Matten mit. Um von einer Außenstelle zur nächsten zu fahren, benötigen Sie einen zuverlässigen PKW. Das ist alles.

*Einleitung Unternehmenskonzepte*

Sie verdienen zweimal
Dieses Konzept ist ohne Risiko und Sie verdienen gleich zweimal. Einmal das Honorar und zum Zweiten an Erfahrung. Mit Kursgebühren von 63,50 Euro (ermäßigt 34,90 Euro) für einen Yoga Kurs mit 13 Terminen (VHS Berlin-Reinickendorf) sind die VHS unschlagbar. Denken Sie bitte daran: Die Kursgebühren werden von den Kommunen subventioniert. Wenn Sie sich später mit einer eigenen Yogaschule selbstständig machen, dürfen Sie diese Kursgebühren nicht als Kalkulationsbasis heranziehen.

Die VHS macht Werbung für Sie
Die Volkshochschulbroschüren liegen in jeder Bank, in jeder Beratungsstelle und Arztpraxis aus. Wenn Sie viele Yogakurse geben und Ihr Name immer wieder auftaucht, bauen Sie sich mit Ihrem Namen eine Marke auf. Fast alle Yogalehrerinnen, die ich in der Vergangenheit beraten habe, sind irgendwann einmal bei einer VHS gestartet und haben dort ihre ersten Erfahrungen gemacht. Es ist ein gutes Sprungbrett für andere Unternehmenskonzepte.

Keine Verantwortung für die Räume
Die Räume werden vom Veranstalter gestellt. Sie müssen sich nicht darum kümmern. Die Reinigung der Räume liegt nicht in Ihrer Verantwortung. Es entstehen Ihnen keine Kosten, wenn die Heizung repariert wird. Die meisten VHS haben ansprechende Räumlichkeiten. Die Heiz- und die Stromkosten gehen zu Lasten der VHS. Sie werden wahrscheinlich auch keinen Stress mit der Vermieterin der Räume haben. Vertragspartnerin ist immer die VHS.

Entfaltungsmöglichkeit
Die VHS ist dankbar für neue Kursvorschläge. Wenn Sie für eine VHS arbeiten, haben Sie nahezu unbegrenzte Möglichkeiten, weitere Arbeitsfelder zu erschließen. Ihre Yoga Kurse werden sich weiter füllen.

Kolleginnenkreis
Es finden in unregelmäßigen Abständen Kursleiterinnentreffen statt. Sie lernen die anderen Dozentinnen kennen und haben die Möglichkeit, sich auszutauschen und ein Netzwerk aufzubauen. Vielleicht ist ja auch jemand dabei, mit dem Sie sich später eigene Räume teilen werden. Es sind Menschen, die unter ähnlichen Bedingungen arbeiten wie Sie, die viel Tagesfreizeit haben, aber wenig Möglichkeiten, in den Abendstunden etwas zu unternehmen.

*Einleitung Unternehmenskonzepte*

Zugehörigkeitsgefühl
Sie gehören einer Gemeinschaft an, arbeiten unter einem Dach für eine Organisation, die Ihnen beim Unterrichten in einer Erwachsenenbildungsstätte mit Rat und Tat zur Seite steht. Die VHS hat ein hohes politisches Ansehen. Sie ist absolut seriös und steht mit ihrem Bildungsauftrag mitten im gesellschaftlichen Leben. Die Hemmschwelle der Kursteilnehmerinnen, andere Angebote von Ihnen wahrzunehmen, sinkt.

Kostengünstige Weiterbildungsmöglichkeiten
Die Landesverbände der VHS bieten für ihre Dozentinnen kostengünstige Weiterbildungsmöglichkeiten an. Diese erstrecken sich über alle Felder des pädagogischen Arbeitens. Nehmen Sie diese Weiterbildungsmöglichkeiten wahr. Qualifizieren Sie sich weiter. Kümmern Sie sich um andere Arbeitsfelder. Erstellen Sie neue Kurskonzepte und bieten Sie diese Konzepte Ihrer VHS an.

Größere Distanz zu den Teilnehmerinnen
Die Kursteilnehmerinnen kommen nicht zu Ihnen, sondern zur VHS. Die Gruppengröße verhindert oftmals einen näheren Kontakt zwischen Ihnen und Ihren Teilnehmerinnen. Für Gespräche vor und nach dem Unterricht wird wenig Zeit sein. Gerade wegen der Anonymität bevorzugen einige Menschen die Teilnahme an Volkshochschulkursen.

Keine eigene Werbung in VHS-Kursen
Wahrscheinlich wird die Versuchung groß sein, in Ihren VHS-Kursen Werbung für Ihr privates Angebot zu machen. Lassen Sie das bitte. Manche VHS unterbinden das von Anfang an in den Honorarverträgen. Wenn Sie später eine eigene Yogaschule aufmachen, müssen Sie sich eine neue Zielgruppe suchen.

**4.1.2 Die Nachteile**

Sie machen sich selbst Konkurrenz
Vor einiger Zeit hatte ich eine Yogalehrerin beraten, die darüber klagte, dass Ihre VHS-Kurse boomen, Ihre privaten Kurse aber nicht liefen. Sie hatte eine 4-jährige Yogalehrerinnenausbildung und 2-jährige Weiterbildung im Yoga-Einzelunterricht gemacht.

*Einleitung Unternehmenskonzepte*

Wenn Sie am gleichen Ort dasselbe Angebot machen, werden sich die Kursteilnehmerinnen immer das Günstigere aussuchen. Sie machen sich mit den VHS-Kursen selbst Konkurrenz. Ich hatte dieser Yogalehrerin geraten, in der VHS ausschließlich Yoga-Anfängerinnenkurse zu geben und die Fortsetzungskurse nur noch privat durchzuführen. Damit stieß sie bei Ihren VHS-Teilnehmerinnen auf wenig Gegenliebe. Das Ergebnis war, dass meine Coache die Tätigkeit bei der VHS aufgab und nur noch private Kurse unterrichtete. Entscheiden Sie sich. Entweder VHS oder private Kurse. Beides geht auf lange Sicht nicht!

Hoher Arbeitsaufwand – geringe Einnahmen
Wenn Sie sich mit diesem Konzept eine Existenz aufbauen wollen, müssen Sie viele Kurse geben. Sie werden von Montagnachmittag bis Freitagabend unterwegs sein. Es wird wenig Zeit geben, Freundschaften zu pflegen und kulturelle Angebote wahrzunehmen. Sprechen Sie das vorher unbedingt mit Ihrem Partner oder Ihrer Partnerin und mit Ihren Kindern ab.

Zeit und Geld für Autofahrten
Wenn Sie für mehrere VHS oder an vielen Außenstellen arbeiten, werden Sie viel mit dem Auto unterwegs sein. Im Sommer ist das kein Problem, aber im Winter von einer Außenstelle zur nächsten zu fahren, kann schon manchen Stress verursachen. Manche VHS übernehmen die Fahrtkosten nicht, das müssen Sie vorher aushandeln. Falls die Fahrtkosten gezahlt werden, sind das für Sie Einnahmen und müssen folglich auch versteuert werden.

Schlechte Raumsituation
Sie werden sich Ihren Unterrichtsraum nicht aussuchen können und haben auch keine Möglichkeit, ihn zu gestalten. In einer VHS musste ich in einem großen Flur unterrichten. Alle Klassen waren mit anderen Kursen belegt. Regelmäßig bei der Entspannung hatte die Klasse „Englisch für Anfängerinnen" Unterrichtsschluss. Sie musste durch diesen Flur zum Ausgang. Können Sie sich so ein Arbeiten vorstellen? Manche Unterrichtsräume waren im Winter nicht gut geheizt. In einem Fall fiel die Heizung komplett aus, ich wurde aber nicht benachrichtigt. Manchmal waren die Räume nicht gereinigt, Umkleideräume waren nie vorhanden. Übungs- und Dekorationsmaterial musste ich mitbringen.

Kein Einfluss auf die Zusammensetzung und Größe der Gruppen
Sie können die Gruppengröße nicht mitbestimmen. Gerade wenn Sie mit klei-

*Einleitung Unternehmenskonzepte*

nen Gruppen arbeiten wollen, werden Sie bei der VHS Probleme bekommen. Zwar ist die Mindestteilnehmerinnenzahl nach unten begrenzt, nach oben aber offen. 20 bis 25 Teilnehmerinnen waren in meinen Kursen immer die Regel. Würden Sie in Ihren privaten Kursen eine Gruppe mit nur sechs Teilnehmerinnen absagen? Die VHS-Kurse sind so kalkuliert, dass sie nur mit einer bestimmten Mindestteilnehmerinnenzahl stattfinden können.

Die Yogakurse laufen nicht das ganze Jahr
Es wird schwer sein, außerhalb des VHS-Programms Unterricht anzubieten. Die meisten VHS haben ein Frühjahrssemester (Februar bis Juni) und ein Herbstsemester (September bis Januar). Es stehen Ihnen maximal 15 Termine pro Semester zur Verfügung. Das sind 30 Termine pro Jahr. Womit verdienen Sie Ihr Geld in den verbleibenden 24 Wochen? Sie müssen ja auch in der unterrichtsfreien Zeit leben. Ihre Krankenversicherung und die Beiträge für die Rentenversicherung werden 12 Monate im Jahr von Ihrem Konto abgebucht. Die VHS bekommen die Kursgebühren am Anfang des Semesters, zahlen aber das Honorar an die Dozentinnen erst am Ende des Semesters aus. Sie müssen sich dieses Geld gut einteilen.

Als ich 1983 begann, Yoga zu unterrichten, hatte ich mich bei fünf VHS beworben. Vier davon gaben mir einen Honorarvertrag. Als ich 1986, also nach nur drei Jahren anfing, in meinem Wohnzimmer eigene Yogakurse aufzubauen, gab ich 16 Volkshochschulkurse, 4 Fastenseminare und 6 Wochenendseminare auf. Ich brach alle Brücken hinter mir ab und wandte mich nur noch meinen privaten Kursen zu. Erst 1989, also nach noch einmal drei Jahren, fasste ich den Mut, mitten in der Braunschweiger Innenstadt eigene Räume anzumieten. Das gesamte „Know How" für meine spätere erfolgreiche Lehrtätigkeit lernte ich bei den VHS. Sie gaben mir die Möglichkeit, meine ersten Unterrichtserfahrungen zu sammeln und mich teilweise kostenlos weiterzubilden. Dafür bin ich sehr dankbar. Da die VHS-Kurse nicht das ganze Jahr liefen, musste ich mir in der unterrichtsfreien Zeit immer Ferienjobs organisieren. Während meine Kursteilnehmerinnen in Urlaub fuhren, arbeitete ich weiter und nahm jeden Ferienjob an, den ich bekommen konnte.

Wenn ich zurückdenke, war meine Lehrtätigkeit an der VHS eine Zeit des ständigen finanziellen Mangels. Trotz der vielen Yogakurse, Wochenendseminare, Ferien- und Fastenseminare die ich gab, reichte das Geld nicht aus. Mit drei

*Einleitung Unternehmenskonzepte*

kleinen Kindern war das eine sehr schwierige Situation. Trotzdem hatte ich immer das tiefe, innere Gefühl, das ich mich mit meinem Beruf als Yogalehrer am richtigen Platz im Leben befand. Ich wollte nichts anderes tun, als zu unterrichten, aber die Rahmenbedingungen stimmten für mich nicht mehr. Bei ca. 250 Menschen, die ich in der Woche mit meinem Yogaunterricht erreichte, blieb für mich und meine Familie zu wenig Zeit. Aus dieser Unzufriedenheit heraus wuchs die Idee einer „Eigenen Yogaschule", mit eigenen Räumen, die ich Ihnen im nächsten Kapitel beschreiben werde.

Was ist notwendig?
Sie müssen Ihre Tätigkeit beim Finanzamt anmelden. Wenn Sie ausschließlich für die VHS arbeiten, sind 2.100,00 Euro Gewinn pro Jahr Einkommenssteuerfrei. Liegt Ihr monatlicher Gewinn über 365,00 Euro, brauchen Sie eine eigene Krankenversicherung. Setzen sie sich bitte mit Ihrer Krankenkasse in Verbindung. Liegt Ihr monatlicher Gewinn über 400,00 Euro, müssen Sie Beiträge zur Rentenversicherung zahlen. Die Kontaktdaten der Deutschen Rentenversicherung finden Sie im Anhang.

Wahrscheinlich müssen sie mit diesem Unternehmenskonzept keine 19% Umsatzsteuer an Ihr Finanzamt abführen. Sie fallen dann unter die Kleinunternehmerregelung. In Kapitel 5.2 finden Sie genauere Informationen.

Ich empfehle Ihnen dringend den Abschluss einer Berufshaftpflichtversicherung. Außerdem halte ich eine freiwillige Unfallversicherung bei der Verwaltungsberufsgenossenschaft für sinnvoll. Weitere Informationen finden Sie in Kapitel 5.3.

Denken Sie auch daran, dass Sie Beiträge an die Gebühreneinzugszentrale (GEZ) zahlen müssen, wenn Sie in Ihrem Auto ein Radio haben, oder wenn Sie in Ihrem Yoga-Unterricht Musik einsetzen. Die Anschrift der GEZ finden Sie in Kapitel 14.4.

Die anderen Kosten sind bei diesem Unternehmenskonzept eher gering.

*Einleitung Unternehmenskonzepte*

# 4.2 Arbeit in der eigenen Yogaschule

Da dieses Unternehmungskonzept sehr umfangreich ist unterteile ich dieses Kapitel zuerst in die Vor- und Nachteile für die Teilnehmerinnen und anschließend in die Vor- und Nachteile für die Yogalehrenden.

### 4.2.1 Die Vorteile für die Teilnehmerinnen

Räumlichkeiten
Die Kursteilnehmerinnen kommen immer wieder in die gleichen Räumlichkeiten. Sie gehen zu Ihnen in Ihre Yogaschule. Die Räume befinden sich in einer ruhigen Lage, sind ansprechend gestaltet und liebevoll eingerichtet. Sie haben eine bestimmte Farbe und einen eigenen Geruch. Sie sind sauber, die Raumtemperatur ist angenehm. Yogamatten, Sitzkissen und Decken sind vorhanden, es müssen keine eigenen Sachen mitgebracht werden. Es sind genügend Parkmöglichkeiten vorhanden (ganz wichtig). Die Teilnehmerinnen haben die Möglichkeit, vor oder nach der Stunde eine Tasse Tee zu bekommen. Ein Umkleideraum ist vorhanden. Die Schule ist mit öffentlichen Verkehrsmitteln gut zu erreichen. Die Unterrichtszeiten sind an die Fahrpläne angepasst. Die Wege zur Yogaschule sind beschildert und gut ausgeleuchtet. Die Atmosphäre in den Räumen ist angenehm.

Kontakt zu Gleichgesinnten
Innerhalb der einzelnen Yogagruppen bildet sich eine eigene Gruppendynamik. Fortgeschrittenengruppen bleiben über Jahre hinweg zusammen. Solche Gruppen sind offen für tiefere Erfahrungen. Die Menschen haben großes Interesse an der Yoga-Philosophie. Sie können über einen längeren Zeitraum aufrecht sitzen und meditieren. Manchmal besteht der Wunsch, die Gruppe zu schließen und keine neuen Teilnehmerinnen mehr in die Gruppe aufzunehmen, darauf können Sie individuell eingehen.

Kleinere Gruppen
Sie sind an keine Mindestteilnehmerinnenzahl gebunden. Wenn sich für den Yoga-Anfängerinnenkurs am Vormittag nur vier Personen angemeldet haben, können Sie mit diesen vier Personen starten. An einer VHS wäre das nicht möglich. Sie bestimmen selbst, wie groß die Gruppen sein sollen.

*Einleitung Unternehmenskonzepte*

Kompetente Yogalehrerin mit langjähriger Praxis
Die Teilnehmerinnen erwarten in diesem Unternehmenskonzept eine kompetente Yogalehrerin mit langjähriger Erfahrung. Ein Yoga-Übungsleiterinnenschein reicht hier nicht mehr aus.

Liebevolle Atmosphäre
Die Atmosphäre in der Yogaschule ist liebevoll geprägt. Das fängt mit der persönlichen Begrüßung der Teilnehmerinnen an und hört mit einer liebevollen Verabschiedung am Ende des Abends auf. Sie sollten sich nach der Yogastunde immer etwas Zeit für Ihre Schülerinnen nehmen. Legen Sie die Kurse nicht zu dicht hintereinander. Oftmals wollen sich die Menschen noch mitteilen. Schaffen Sie diesen Raum dafür. Liebevolle Wertschätzung ist etwas, was die Menschen draußen in der Welt selten finden. Schaffen Sie diese liebevolle Atmosphäre, in denen die Menschen sich wohl fühlen. Bieten Sie einen geschützten Raum, in dem die Menschen wachsen können.

Persönlicher Kontakt zur Yogalehrerin
Die Menschen in Ihren Yogakursen suchen den persönlichen Kontakt zu Ihnen. Sie gehen nicht in eine Institution. Manchmal sind Sie nicht nur Yogalehrerin, sondern Gesundheitsberaterin, Sozialarbeiterin, und Seelsorgerin. Oftmals suchen Teilnehmerinnen über den Yoga-Unterricht hinaus persönliche Hilfe. Zur Erhöhung Ihrer Fachkompetenz halte ich eine Ausbildung in Gesprächsführung oder eine psychotherapeutische Weiterbildung für notwendig. Sie sind 365 Tage in einer gebenden Position. Damit Sie nicht ausbrennen, suchen Sie sich unbedingt einen Platz oder eine Gruppe, in der Sie etwas bekommen.

Ausgefallene Stunden können nachgeholt werden
Wenn Sie im Kurskonzept arbeiten, bieten Sie Ihren Teilnehmerinnen immer wieder die Möglichkeit, ausgefallene Stunden nachzuholen. So können Sie Teilnehmerinnen aus den Anfängerinnenkursen leicht in Fortgeschrittene Gruppen integrieren. Die Anfängerinnenkurse laufen im Zehnerblock, die Fortgeschrittenen-Gruppen sind fortlaufende Jahresgruppen mit einem festen Monatsbeitrag.

Der Unterricht ist zeitlich nicht begrenzt (fortlaufende Kurse)
Die Teilnehmerinnen können das ganze Jahr zum Unterricht kommen. Nach Rücksprache mit Ihnen und gegen einen kleinen Aufpreis, vielleicht auch jeden Tag. Eine Kollegin von mir bietet auch in den Sommerferien ein Notprogramm

*Einleitung Unternehmenskonzepte*

an. Ich hatte meine Yogaschule einen Monat im Sommer geschlossen. Die Bezahlung lief weiter.

Einzelunterricht nach Absprache
Die Teilnehmerinnen haben auch die Möglichkeit, Einzelstunden bei Ihnen zu nehmen. Diese Form des Unterrichts wird von den Volkshochschulen nicht angeboten. Das gibt es nur bei Ihnen.

Differenzierteres Angebot
In Ihrer eigenen Schule können Sie die ganze Bandbreite Ihres Wissens einsetzen. Probieren Sie neue Dinge aus.

Es findet in der Regel kein Lehrerwechsel statt
Ihre Teilnehmerinnen können sicher sein, dass Sie den Unterricht auch tatsächlich selbst durchführen. In der Zeit als ich noch bei den Volkshochschulen gearbeitet habe, wurde ich einige Male in Kurse eingesetzt, die von der Vorgängerin aufgegeben wurden. Die Teilnehmerinnen waren unzufrieden mit dieser Situation. In Ihrer Yogaschule ist das anders. Es findet kein Wechsel statt. Darauf können sich die Teilnehmerinnen verlassen.

**4.2.2 Die Nachteile für die Teilnehmerinnen**

Die Kurse sind teurer als an der VHS
Sie dürfen die Preise an der VHS nicht mit Ihren Preisen vergleichen. Die Menschen, die zu Ihnen kommen wissen, dass Ihre Yogastunden einen höheren Preis haben. Versuchen Sie nicht, mit der VHS zu konkurrieren, Sie werden immer den Kürzeren ziehen.

Es ist schwieriger, sich von einer Lehrerin zu trennen
Die Menschen melden sich bei Ihnen persönlich zum Unterricht an. Sie sind vielleicht die nächsten Jahre mit Ihnen zusammen. Sie begleiten ihre Yoga- und Lebenswege. Es wird schwer sein, diese Beziehung zu unterbrechen beziehungsweise zu beenden.

Die Anonymität wird teilweise aufgehoben
Teilnehmerinnen haben mir immer wieder berichtet, dass sie zu mir in den privaten Unterricht gekommen sind, weil Ihnen die Institution VHS zu anonym

*Einleitung Unternehmenskonzepte*

war. In der eigenen Yogaschule wird diese Anonymität aufgehoben. Manche Menschen mögen das, andere wiederum nicht. Überlegen Sie, wie Sie damit umgehen wollen.

**4.2.3 Vorteile für die Yogalehrerin**

Die Yogaräume sind ausschließlich mit Ihrer Energie gefüllt
Als ich nach drei Jahren Unterricht in meiner privaten Wohnung eine Yogaschule in einer norddeutschen Großstadt eröffnete, war das ein großartiges Gefühl. In der ersten Zeit wurden die Räume nur durch mich, meinen Yoga-Unterricht und die Teilnehmerinnen der Yogalehrerinnenausbildung gefüllt. Erst später kamen andere Mitarbeiterinnen dazu. Jeden Abend, wenn ich in meine Schule ging, hatte ich das Gefühl, nach Hause zu kommen.

Der Yoga Raum steht immer zur Verfügung
Der Yoga Raum steht Ihnen sieben Tage die Woche zur Verfügung. Es gibt niemanden, mit dem Sie sich absprechen müssen. Sie können Ihre Kurse so planen, wie Sie das wollen. Sie können Kurse verschieben, ausfallen lassen, zusammenlegen, oder die Räume eine Zeitlang leer stehen lassen. Es liegt in Ihrem eigenen Ermessen, wie Sie diese Räume nutzen.

Zeit für Ruhe vor und nach den Kursen
Beispielsweise unterrichten Sie an einem Abend drei Gruppen: die erste von 16.00 bis 17.30 Uhr, die zweite von 18.00 bis 19.30 Uhr und die dritte Gruppe von 20.00 bis 21.30 Uhr. Zwischen den Gruppen haben Sie noch etwas Zeit für Ihre Schülerinnen und für sich. Sie können die Räume lüften und sich im Nebenraum einen Moment entspannen. Sie haben genügend Zeit, die Räume herzurichten und können nach dem letzten Termin noch etwas in der Stille sitzen bleiben.

Höhere Einnahmen
Wenn Sie Ihr Kurskonzept gut aufbauen und mit bestimmten Zielgruppen arbeiten, können Sie damit gut Ihren Lebensunterhalt bestreiten. Im „Vorläufigen Betriebsergebnis" der ersten drei Jahre des Businessplans habe ich die Einnahmen mit 60 ständigen Schülerinnen im ersten Jahr sehr niedrig angesetzt. Ich habe aber auch schon Yogalehrerinnen beraten, die innerhalb von drei Jahren 200 Schülerinnen in ihren Kursen hatten. Bei einem Monatsbeitrag von 50,00

*Einleitung Unternehmenskonzepte*

Euro würden Sie monatlich 10.000,00 Euro verdienen. Aber bitte bedenken Sie: 10.000,00 Euro minus 19% Umsatzsteuer, minus Betriebsausgaben, davon dann prozentual die Beiträge zur Kranken-, Renten-, und Pflegeversicherung. Das Ganze muss dann auch noch mit Einkommenssteuer, ggf. Kirchensteuer und Solidaritätsbeitrag versteuert werden. Trotzdem bleibt immer noch genug für Sie übrig und Sie sind Ihre eigene Chefin.

Bessere Verdienstmöglichkeit durch optimale Raumausnutzung
Sie können Ihren Yoga Raum optimal ausnutzen. Durch eine gute Kursplanung ergibt sich eine fast unbegrenzte Unterrichtsmöglichkeit. Denken Sie auch an so ungewöhnliche Kurszeiten wie Samstagvormittag, Sonntagvormittag, oder Sonntagabend. Wenn Sie Ihre Schule in der Innenstadt haben, können Sie auch „Yoga in der Mittagspause" anbieten oder Seminare für Firmen in Ihren Räumen durchführen. Dadurch ergibt sich eine Fülle neuer Verdienstmöglichkeiten.

Zusätzliche Einnahmequelle durch Untervermietung
Eine zusätzliche Einnahmequelle ist die Untervermietung Ihrer Räume. Wenn zum Beispiel der Montag Ihr freier Tag ist, könnten Sie zwei Abendtermine an einen Tai-Chi-Lehrer (18.00 bis 19.30 Uhr) oder an eine Selbsterfahrungsgruppe (20.00 bis 22.30 Uhr) vermieten. Die Miete pro Termin sollte 30,00 Euro nicht unterschreiten. Sie vermieten nicht nur den Raum, sondern alle Einrichtungsgegenstände, die Yogamatten und weiteres Zubehör. Wenn Ihre Schule über einen weiteren Raum verfügt, können Sie diesen Raum kontinuierlich vermieten. Die Monatsmiete bitte nicht unter 200,00 Euro. Denken Sie bitte daran, sich in diesem Fall die schriftliche Einverständniserklärung Ihrer Vermieterin geben zu lassen.

Zusätzliche Einnahmen durch Gewerbebetrieb
Sie können zusätzliche Einnahmen durch den Verkauf von Yogamatten, Sitzkissen, Meditationshocker, Bücher und CDs generieren. Für diesen Teil Ihrer Selbstständigkeit müssen Sie ein Kleingewerbe anmelden. Sie brauchen ein extra Kassenbuch und ein anderes Bankkonto. Wenn Sie diese buchhalterische Trennung nicht machen, kann es sein, dass Ihr Finanzamt Ihre freiberufliche Tätigkeit mit zu den Gewerbeeinnahmen zählt. Sie verlieren dann den Status der Freiberuflerin. Eine Adresse für Yoga-Hilfsmittel finden Sie im Anhang.

*Einleitung Unternehmenskonzepte*

Es ist keine Mindestteilnehmerinnenzahl erforderlich
Sie brauchen keine Mindestteilnehmerinnenzahl erreichen. Wenn sich nur vier Personen für einen Kurs angemeldet haben, können Sie starten, weiter Werbung machen und darauf hoffen, dass sich noch neue Teilnehmerinnen anmelden. Oder Sie legen zwei Kurse auf einen Termin zusammen und haben dann eine volle Gruppe.

Enger Kontakt zu den Teilnehmerinnen
Die Teilnehmerinnen haben einen engen Kontakt zu Ihnen. Sie werden viel aus deren Leben erfahren. Ihre Schülerinnen werden auch genau schauen, wie Sie leben. Schauen Sie bitte, wie weit Sie Ihre Teilnehmerinnen an Ihrem Leben teilhaben lassen wollen. Machen Sie Ihre Kursteilnehmerinnen nicht zu Ihren Freundinnen! Eine Mischung zwischen Privat und Beruf ist nicht gut.

Bessere Entfaltungsmöglichkeit
In jedem Fall werden Sie in Ihrer privaten Yogaschule eine bessere Entfaltungsmöglichkeit haben, als in jeder anderen Form des Unterrichtens. Das Arbeiten ist viel freier. Sie können neue Angebote konzipieren, Yoga Tage, Ferienseminare und Workshops zu bestimmten Themen planen. Sie können Referentinnen in Ihre Schule einladen, Arbeitskreise gründen und sich mit anderen Schulen vernetzen.

## 4.2.4 Nachteile für die Yogalehrerin

Werbung und Organisation müssen selbst übernommen werden
Einen Großteil Ihrer Zeit werden Sie mit administrativen Arbeiten beschäftigt sein. Wenn Sie das nicht wollen, sollten Sie eine Bürokraft einstellen. Bei Einstellung einer versicherungspflichtigen Mitarbeiterin der Sie über 400,00 Euro Gehalt zahlen, können Sie sich von der Rentenversicherungspflicht befreien lassen. Sie müssen ständig neue Teilnehmerinnen für Ihre Kurse akquirieren. Überlegen Sie, ob Sie die gesamte Buchführung einer Steuerberaterin übergeben. Das kostet zwar Geld, spart aber viel Zeit. Für den Fall, dass Sie mit Krankenkassen kooperieren, müssen Sie Bescheinigungen schreiben. Ihre Internetseiten müssen ständig aktualisiert werden. Telefongespräche führen, Anfragen beantworten und den Schriftverkehr erledigen, gehören fortan zu Ihren Tagesaufgaben.

*Einleitung Unternehmenskonzepte*

Hohe Fixkosten (Miete, Nebenkosten Reinigung etc.)
Der größte Kostenfaktor in diesem Unternehmenskonzept sind die Raummiete und die Nebenkosten. Egal, wie viel Sie verdienen, ob Sie unterrichten oder Urlaub machen, die Raummiete ist immer fällig. Gerade am Anfang ist es wichtig, sie möglichst gering zu halten. Verhandeln Sie mit der Vermieterin. Bieten Sie ihr zum Beispiel eine Staffelmiete an. In meiner ersten Yogaschule in der Braunschweiger Innenstadt betrug die Miete pro Quadratmeter 5,00 Euro plus 2,00 Euro Nebenkosten. Bei 120 qm waren das 600,00 Euro Grundmiete plus 240,00 Euro Nebenkosten. Bei einer monatlichen Kursgebühr von 50,00 Euro würden Sie ständig 17 Teilnehmerinnen brauchen, damit Sie allein die Miete erwirtschaften. Wenn Sie die Reinigung der Räume nicht selbst machen wollen, suchen Sie sich eine Raumpflegerin. Stundensätze von mindestens 10,00 Euro sollten Sie einplanen. Bei vier Stunden Arbeit pro Woche wären das 160,00 Euro pro Monat. Sie müssen die Raumpflegerin als geringfügig Beschäftigte bei der Bundesknappschaft anmelden und ca. 30% Sozialversicherungsabgaben (48,00 Euro) abführen. Das sind noch einmal vier Teilnehmerinnen für die Raumpflegerin.

Schwankende Einnahmen
Wahrscheinlich werden Sie in den Sommermonaten weniger verdienen als im Winter. Die Einnahmen werden keinen Monat gleich bleiben. Wenn Sie merken, dass sich Teilnehmerinnen abmelden, müssen Sie gegensteuern und Werbung machen. Um zu verhindern, dass die Schülerinnen zum 30. Juni kündigen um am 1. Oktober wieder anzufangen, können Sie im Unterrichtsvertrag andere Kündigungszeiten festlegen.

Sie sind an die Räume gebunden
Um eine günstigere Miete zu bekommen, müssen Sie sich wahrscheinlich auf eine längere Laufzeit des Mietvertrages einlassen. Wenn Sie nach zwei Jahren feststellen, dass die Räume zu klein oder ungeeignet für Ihre Arbeit sind oder Sie eine andere Zielgruppe bedienen möchten, bei der Sie die großen Räume gar nicht mehr brauchen, werden Sie Schwierigkeiten haben, aus dem Vertrag zu kommen. Bei diesem Unternehmenskonzept legen Sie sich über Jahre hinweg fest.
Bei der Seehofer-Gesundheitsreform 1996 verlor ich mit einem Mal 50 Wochenkurse, die wir mit 15 Honorarkräften für eine große Krankenkasse in drei Unterrichtsräumen machten. Das war ein riesiger Einnahmeverlust. Ich hatte ein

*Einleitung Unternehmenskonzepte*

Jahr zuvor eine 2. Etage angemietet und die Laufzeit der Räume auf insgesamt 16 Jahre verlängert. Neun Jahre lagen jetzt noch vor mir. Als ich mein Unterrichtskonzept vom Gruppenunterricht auf Einzelarbeit umstellte, brauchte ich die Räume nicht mehr. Ich ließ Sie umbauen und vermietete sie die letzten Jahre an Studenten-Wohngemeinschaften. Die Verantwortung dafür musste ich tragen, auch den Verlust, wenn die Zimmer leer standen.

<u>Die Räume müssen immer ausgelastet werden</u>
Achten Sie auf eine Auslastung Ihrer Räume. Entweder durch eigene Kurse, durch Honorarkräfte oder durch Untervermietung. Ich empfehle Ihnen mit diesem Unternehmenskonzept nicht mehr für andere Institutionen zu arbeiten. Sie machen sich selbst Konkurrenz und Ihre Räume stehen leer. Wenn Sie woanders für 40,00 Euro Honorar unterrichten und sie könnten Ihren Raum für 30,00 Euro vermieten, haben Sie in der gleichen Zeit 10,00 Euro verdient. Überlegen Sie für sich, ob sich das lohnt.

<u>Sie dürfen nicht krank werden (Existenzangst)</u>
Bei diesem Konzept dürfen Sie nicht ernsthaft krank werden, sonst kommen Sie in finanzielle Schwierigkeiten. Einen Teil Ihrer Kurse können sie vielleicht an Honorarkräfte abgeben, aber auf lange Sicht ist das keine Lösung. Achten Sie auf Ihre Gesundheit.

**4.2.5 Was ist notwendig?**

Sie müssen Ihre freiberufliche Tätigkeit beim Finanzamt anmelden. Sie brauchen eine eigene Krankenversicherung und damit verbunden eine Pflegeversicherung. Als Yogalehrerin sind Sie rentenversicherungspflichtig. Bitte setzen Sie sich mit der Deutschen Rentenversicherung in Verbindung. Die Adresse und Telefonnummer finden Sie im Anhang in Kapitel 14.4. Ich empfehle Ihnen den Abschluss einer Berufshaftpflicht- und einer Betriebshaftpflichtversicherung. Außerdem halte ich eine freiwillige Unfallversicherung bei der Verwaltungsberufsgenossenschaft für sinnvoll.

Mit diesem Unternehmenskonzept müssen Sie 19% Umsatzsteuer an Ihr Finanzamt abführen, wenn Sie mehr als 17.500,00 Euro Erlöse pro Kalenderjahr haben.

## 5. Die Gründungsschritte

Die folgende Übersicht zeigt Ihnen die wichtigsten Stationen auf dem Weg zu Ihrer Selbstständigkeit.

### 5.1 Die Spielregeln

#### 5.1.1 Yogalehrerinnen sind Freiberuflerinnen, keine Gewerbetreibende

Laut Paragraph 18, Satz 1 des Einkommensteuergesetzes führen Yogalehrerinnen eine unterrichtende Tätigkeit aus. Sie sind somit Freiberuflerinnen. Die Vorteile für Freiberuflerinnen sind:

- Es reicht eine einfache Einnahme-Überschussrechnung.
- Sie zahlen keine Gewerbesteuer.
- Sie sind kein Pflichtmitglied bei der Industrie- und Handelskammer.

Melden Sie kein Gewerbe an, wenn Sie nichts in Ihrer Yogaschule verkaufen wollen!

#### 5.1.2 Yogalehrerinnen sind meldepflichtig

Finanzamt
Bevor Sie Ihre Tätigkeit als Yogalehrerin aufnehmen, müssen Sie das bei Ihrem zuständigen Finanzamt anzeigen. Es reicht eine einfache, schriftliche Mitteilung. Das Finanzamt gibt Ihnen eine geschäftliche Steuernummer. Wenn Sie nicht von der Kleinunternehmerregelung Gebrauch machen auch eine Umsatzsteuer-Identifikationsnummer. Unter dieser Steuernummer müssen Sie die anfallende Umsatzsteuer, Einkommensteuer und evtl. anfallende Lohnsteuer an das Finanzamt abführen.

**Tipp!**
Setzen Sie die Einnahmen möglichst niedrig an.

### Krankenversicherung
Sie brauchen unbedingt eine Krankenversicherung. Mehr darüber erfahren Sie im Kapitel 5.3 Versicherungen.

### Pflegeversicherung
Der Beitragssatz für die Pflegeversicherung beträgt 1,95% von der Bezugsgröße. Wenn Sie keine Kinder haben, ist der Beitragssatz etwas höher, nämlich 2,20%. Mehr darüber erfahren Sie im Kapitel Versicherungen.

### Rentenversicherung
Yogalehrerinnen sind rentenversicherungspflichtig. Bei einem Gewinn unter 400,00 Euro monatlich fallen keine Beiträge zur Rentenversicherung an. Liegt Ihr Gewinn bei 400,00 Euro und darüber, müssen Sie 19,9% (79,60 Euro) von diesem Betrag an die Deutsche Rentenversicherung abführen. Mehr darüber erfahren Sie im Kapitel Versicherungen.

### Agentur für Arbeit (AfA)
Unter bestimmten Voraussetzungen (zum Beispiel wenn Sie einen Gründungszuschuss erhalten) können Sie sich bei der AfA gegen Arbeitslosigkeit versichern. Für den Fall, dass Sie eine Person in Ihrer Yogaschule einstellen, müssen Sie diese bei Ihrer AfA anmelden. Sie bekommen von der AfA eine Betriebsnummer. Unter dieser Betriebsnummer führen Sie auch die Beiträge zur Sozialversicherung Ihrer Angestellten ab.

### Berufsgenossenschaft
Die Berufsgenossenschaft ist die Trägerin der gesetzlichen Unfallversicherung. Wenn Sie eine Person in Ihrer Yogaschule versicherungspflichtig beschäftigen, müssen Sie einen Jahresbeitrag an die Berufsgenossenschaft abführen. Damit ist Ihre Angestellte auf dem Weg zur Arbeit und in Ihrem Betrieb unfallversichert. Sie können sich selbst als Unternehmerin freiwillig bei der Berufsgenossenschaft versichern. Es empfiehlt sich in jedem Fall, wenn sie kleine Kinder haben oder viel im Ausland unterwegs sind. Mehr dazu erfahren Sie im Kapitel Versicherungen. Für Yogalehrerinnen ist die Verwaltungsberufsgenossenschaft Hamburg zuständig. Die Adresse finden Sie im Anhang.

*Die Gründungsschritte*

Ist die Selbständigkeit tatsächlich der richtige Weg für Sie?
Die Entscheidung, dass Sie sich selbstständig machen wollen, sollte keine Notlösung sein. Sprechen Sie mit Yogalehrerinnen, die bereits selbstständig sind. Hinterfragen Sie Ihre eigene Fachkompetenz. Eine Yogalehrerinnenausbildung mit einem Umfang von 200 Unterrichtseinheiten reicht meines Erachtens nach nicht aus, um auf dem Markt langfristig bestehen zu können. Reden Sie mit Ihrem Partner oder Ihrer Partnerin und Ihren Kindern. Es gibt Ihnen zusätzlich Kraft, wenn Sie Ihr Vorhaben unterstützen. Stellen Sie fest, welche organisatorischen und kaufmännischen Kenntnisse Sie besitzen. Besuchen Sie Existenzgründerinnenveranstaltungen und recherchieren Sie im Internet über Existenzgründungen, Yogaschulen in Ihrer Umgebung, deren Angebot und Preisgestaltung. Ich empfehle Ihnen, sich im Vorfeld Ihrer Existenzgründung beraten zu lassen.

Arbeiten Sie einen Businessplan aus
Überlegen Sie, mit welchem Unternehmenskonzept Sie sich selbstständig machen wollen. Besitzen Sie wirklich die notwendige Fachkompetenz, um die geplante Geschäftsidee in die Tat umzusetzen? Stellen Sie fest, wer Ihre zukünftige Zielgruppe sein wird. Wer ist außer Ihnen vor Ort in Sachen Yoga noch aktiv? Was unterscheidet Ihr Angebot von dem Ihrer Mitbewerberinnen?

In Kapitel 6 habe ich einen Businessplan für Sie erstellt. Übernehmen Sie die Überschriften und die Form, aber rechnen Sie das „Voraussichtliche Betriebsergebnis" im Anhang auf Ihre persönliche Situation um. Nur auf diese Weise gewinnen Sie an Wissen und Sicherheit, um Ihre Selbstständigkeit erfolgreich zu starten.

Kalkulieren Sie an dieser Stelle auch Ihren Kapitalbedarf. Wie viel Geld benötigen Sie, um Ihre Selbstständigkeit zu starten? Denken Sie daran: Sie brauchen Yogamatten, Sitzkissen, Decken, eine Büroausstattung, Einrichtungsgegenstände, Musikanlage, Mietkaution, ggf. Umbauten und einiges mehr. Unter Umständen müssen Sie eine mehrmonatige Anlaufphase finanziell überbrücken. Welche laufenden Kosten kommen auf Sie zu? Vergessen Sie dabei nicht Ihre monatlichen Lebenshaltungskosten. Schätzen Sie ganz realistisch ein, ob die Einnahmen aus Ihrer beruflichen Selbstständigkeit alle betrieblichen und privaten Kosten decken werden. Wie viel eigenes Geld können Sie in Ihre Selbstständigkeit investieren? Wer könnte Ihnen privat Geld leihen? Gibt es eine Part-

*Die Gründungsschritte*

nerin, mit der Sie sich die Räumlichkeiten teilen können? Informieren Sie sich über die Kreditkonditionen der Banken und Sparkassen. Berücksichtigen Sie in jedem Fall auch die Förderprogramme für Existenzgründerinnen, die vom Bund und den Bundesländern zur Verfügung gestellt werden.

Lassen Sie sich beraten
Erkundigen Sie sich zum Beispiel bei der kommunalen Wirtschaftsförderung, ob es in Ihrer Region eine Gründungsinitiative gibt. Besuchen Sie ein Existenzgründungsseminar. Recherchieren Sie im Internet. Lassen Sie sich von kompetenten Fachleuten helfen. Zu welchen Fragen brauchen Sie Beratung? Wer kann Ihnen je nach Fragestellung weiterhelfen? Informieren Sie sich über die Beratungsförderung Ihres Bundeslandes.

Erkundigen Sie sich über Ihre steuerlichen Pflichten
Lassen Sie sich über Ihre steuerlichen Pflichten, die notwendige Buchführung und die Kosten des Jahresabschlusses beraten. Stellen Sie sich von Anfang an auf Ihre Pflichten gegenüber dem Finanzamt ein.

Denken Sie an die persönliche und betriebliche Absicherung
Für Selbstständige gibt es verschiedene Möglichkeiten, um für Arbeitslosigkeit, Alter, Krankheit und Unfall vorzusorgen. Informieren Sie auf jeden Fall Ihre Krankenversicherung über Ihre Pläne. Zu Fragen der Altersvorsorge erkundigen Sie sich beispielsweise bei der Deutschen Rentenversicherung, der Verbraucherzentrale Ihres Bundeslandes und der Stiftung Warentest. Adressen finden Sie in Kapitel 14.4. Denken Sie auch an die Risikovorsorge im Unternehmen. Kümmern Sie sich um ausreichende und geeignete Versicherungen für Ihre Yogaschule. Mehr darüber erfahren Sie im Kapitel 5.3 Versicherungen.

Lassen Sie sich auch nach dem Start beraten
Denken Sie daran, dass nach dem Unternehmensstart neue Aufgaben auf Sie zu kommen. Nutzen Sie auch weiterhin geeignete Informations- und Beratungsangebote. Vermeiden Sie Informationsdefizite, damit Ihr Unternehmen nicht in eine Schieflage gerät.

*Die Gründungsschritte*

## 5.2 Die Kleinunternehmerregelung

Wenn Sie nur geringe Umsätze im Jahr tätigen, empfehle ich Ihnen von der Kleinunternehmerregelung (§ 19 Umsatzsteuergesetz) Gebrauch zu machen. Als Kleinunternehmerinnen gelten Unternehmerinnen, deren Umsatz im vorangegangenen Jahr einen Betrag von 17.500,00 Euro nicht überstiegen hat und deren Umsatz im laufenden Jahr 50.000,00 Euro voraussichtlich nicht übersteigen wird. Beide Voraussetzungen müssen gegeben sein. Bei Beginn einer unternehmerischen Tätigkeit ist der voraussichtliche Umsatz im Kalenderjahr zu schätzen. Übersteigt dieser voraussichtlich nicht die Umsatzgrenze von 17.500,00 Euro, gelten Sie als Kleinunternehmerin. Werden die Umsatzgrenzen überschritten, müssen Sie auf Ihre Umsätze Umsatzsteuer erheben. Entscheiden Sie sich gegen die Kleinunternehmerregelung, müssen Sie das Ihrem Finanzamt mitteilen. Ihre Entscheidung bindet Sie für fünf Jahre. Sie dürfen bei allen Ihren betrieblichen Einkäufen gegenüber dem Finanzamt 19% Vorsteuer geltend machen. Haben Sie sich für die Kleinunternehmerregelung entschieden, müssen Sie auf Ihre Honorare keine 19% Umsatzsteuer erheben. Im Gegenzug dürfen Sie keine 19% Vorsteuer bei Ihren betrieblichen Ausgaben in Abzug bringen. Für Kleinunternehmerinnen entfällt neben dem Vorsteuerabzug der Ausweis der Umsatzsteuer sowie der Umsatzsteuer-Identifikationsnummer auf erstellten Rechnungen. Sie müssen aber auf Ihre Rechnung schreiben, dass der Rechnungsbetrag nach § 19 UStG umsatzsteuerfrei ist. Als Kleinunternehmerin brauchen Sie keine Umsatzsteuervoranmeldungen an Ihr Finanzamt abgeben.

Sonderregelung für Existenzgründerinnen
Existenzgründerinnen müssen ihren Umsatz für das Gründungsjahr sowie für das darauf folgende Wirtschaftsjahr ggf. schätzen und gegenüber dem Finanzamt glaubhaft machen. Überschreitet der Umsatz voraussichtlich 17.500,00 Euro, scheidet die Anwendung der Kleinunternehmerregelung von vorneherein aus. Überschreitet der Umsatz im Gründungsjahr 17.500,00 Euro, darf die Kleinunternehmerregelung im folgenden Wirtschaftsjahr nicht mehr in Anspruch genommen werden. Das gleiche gilt, wenn im Folgejahr der Umsatz 50.000,00 Euro voraussichtlich überschreiten wird.

*Die Gründungsschritte*

**Tipp!**
Sie müssen Ihre laufenden Umsätze immer im Auge behalten. Verlassen Sie sich nicht auf die Aussagen Ihrer Steuerberaterin. Ich habe es in den letzten Jahren einige Male erlebt, dass Finanzämter die Umsatzsteuer für mehrere Jahre zurückgefordert haben, weil die Steuerberaterin geschlafen hat. Dem Finanzamt gegenüber sind immer Sie verantwortlich, nicht Ihre Steuerberaterin. Sie können bestenfalls gegen Ihre Steuerberaterin klagen, was wieder viel Kraft und Energie kosten wird. Versuchen Sie nicht, unter der 17.500,00 Euro-Grenze zu bleiben. Wenn Sie merken, dass Ihre Schule gut läuft und Sie über diese Grenze kommen, müssen Sie Ihre Kursgebühren und die Monatsbeiträge um 19% erhöhen, d.h. Sie geben die Umsatzsteuer an Ihre Schülerinnen weiter. Wenn Sie das nicht tun, haben Sie immer 19% weniger Geld zur Verfügung.

## 5.3 Versicherungen

Einleitung
Um sich gegen mögliche Risiken abzusichern, brauchen Sie einen guten Versicherungsschutz. Einige dieser Versicherungen halte ich für zwingend notwendig, bei anderen Versicherungen können Sie für sich abwägen, ob Sie diese in Anspruch nehmen möchten. Es gibt außerdem Versicherungen, die Sie als Betriebsausgaben geltend machen können. Die Kranken-, Pflege-, und Rentenversicherung gehören nicht dazu. Sie sind Ihre private Angelegenheit, können allerdings in Ihrer Einkommensteuererklärung als Sonderausgaben in Abzug gebracht werden. Damit Sie ein ungefähres Bild davon bekommen, was Sie an Versicherungen brauchen, habe ich nachfolgend die wichtigsten aufgeführt.

Krankenversicherung
Wenn Sie monatlich unter 365,00 Euro Gewinn erzielen, sind Sie weiterhin familienversichert. Sie müssen keine zusätzlichen Beiträge an Ihre Krankenversicherung abführen. Liegen Sie über diesem Betrag, brauchen Sie eine eigene Krankenversicherung. Sie können sich privat versichern, oder als freiwilliges Mitglied in Ihrer gesetzlichen Krankenkasse bleiben. Eine private Krankenversicherung könnte von Vorteil sein, wenn Sie ein niedriges Eintrittsalter haben und nur das versichern, was Sie tatsächlich brauchen. Wenn Sie Ihre Kinder mitversichern, kann es von Vorteil sein, als freiwilliges Mitglied in der gesetzlichen Krankenversicherung zu bleiben.

*Die Gründungsschritte*

Die Beiträge für die gesetzliche Krankenversicherung errechnen sich aus der Mindestbeitragsbemessungsgrenze. Für 2011 beträgt diese Bezugsgröße 1.916,25 Euro. Auch wenn Sie diesen monatlichen Gewinn am Anfang Ihrer Selbstständigkeit nicht erreichen: Sie zahlen von der Bezugsgröße 15,5% Krankenversicherungsbeitrag. Das sind pro Monat 297,02 Euro! Hinzu kommt der Beitrag für die Pflegeversicherung von 42,16 Euro. Zusammen sind das 339,18 Euro. Liegt Ihr monatlicher Gewinn über der Bezugsgröße von 1.916,23 Euro, errechnet sich der Beitrag immer von dem höheren Verdienst. Grundlage hierfür ist der letzte Einkommensteuerbescheid. Liegt noch kein Einkommensteuerbescheid vor, wird der Gewinn geschätzt.

Es besteht die Möglichkeit, bei Ihrer Krankenkasse einen schriftlichen Antrag auf die Einstufung in eine niedrigere Bezugsgröße zu stellen. Es ist die Mindestbeitragsbemessungsgrenze für die Bezieherinnen des Gründungszuschusses. Sie liegt derzeit bei 1.277,50 Euro. Der Beitrag beträgt dann 198,01 Euro. Ihre Kasse wird dann Ihre finanzielle Situation genau prüfen (einschließlich der Einkünfte Ihres Partners oder Ihrer Partnerin und Ihrer Kinder).

Pflegeversicherung
Der Beitragssatz für die Pflegeversicherung liegt bei 1,95%, beziehungsweise 2,20% (kinderlos). Bezogen auf die Mindestbeitragsbemessungsgrenze für Existenzgründerinnen in Höhe von 1.277,50 Euro sind das monatlich 22,36 Euro (24,91 Euro). Liegt die Bezugsgröße bei 1.916,25 Euro zahlen Sie pro Monat 37,37 Euro (42,16 Euro).

Rentenversicherung
Da Sie einen Lehrberuf ausüben, sind Sie als Yogalehrerin Rentenversicherungspflichtig!

Es sei denn, Sie erzielen einen monatlichen Gewinn unter 400,00 Euro, dann sind Sie nicht rentenversicherungspflichtig. Auf das Kalenderjahr bezogen dürfen das 4.800,00 Euro Gewinn sein.
Der Rentenversicherungsbeitrag für die Bezieherinnen des Gründungszuschusses beträgt 254,22 Euro pro Monat. Die Bezugsgröße beträgt hier wieder 1.277,50 Euro, davon werden 19,9% Beitrag berechnet.
Für hauptberuflich Selbstständige ohne Anspruch auf den Gründungszuschuss ist die Bezugsgröße 2.555,00 Euro. Der Monatsbeitrag würde 508,45 Euro be-

*Die Gründungsschritte*

tragen. Sie haben allerdings die Möglichkeit, sich drei Jahre lang auf den halben Regelbeitragssatz einstufen zu lassen.

Außerdem gibt es die Möglichkeit, sich nach den vereinnahmten Entgelten zu versichern. Wenn Sie zum Beispiel einen monatlichen Gewinn von 1.000,00 Euro erzielen, entspricht das einem monatlichen Beitrag in Höhe von 199,00 Euro. Grundlage für diese Einstufung ist Ihr letzter Einkommensteuerbescheid. Liegt noch kein Bescheid vor, wird der Gewinn geschätzt.

Es gibt zwei Möglichkeiten, wie Sie sich von der Rentenversicherungspflicht befreien lassen können:

1. Sie stellen eine Person sozialversicherungspflichtig ein (z.B. 500,00 Euro Bruttoverdienst) und führen für diese Person die Sozialversicherungsbeiträge ab, oder
2. Sie machen Ihre Heilpraktikerin für Psychotherapie und spezialisieren sich auf Yoga-Einzelunterricht mit dem Schwerpunkt Psychotherapie. Sie dürfen dann allerdings keine Yoga-Gruppen unterrichten, sondern müssen den Yoga-Einzelunterricht als Psychotherapie deklarieren und auch abrechnen.

Ganz gleich wie Sie sich entscheiden: Denken Sie bitte daran, dass Sie sich zusätzlich privat für das Alter absichern. Sie können nicht Ihr ganzes Leben lang Yoga unterrichten.

Arbeitslosenversicherung
Für den Fall, dass Ihre Selbstständigkeit scheitern sollte, können Sie sich gegen eine drohende Arbeitslosigkeit absichern. Sie müssen allerdings während der letzten 24 Monate mindestens 12 Monate in einem versicherungspflichtigen Arbeitsverhältnis gestanden haben.

Die Beiträge für die freiwillige Arbeitslosenversicherung werden sich 2011 erhöhen. Die Beitragssätze steigen in zwei Stufen auf das Vierfache der jetzigen Höhe an. In den alten Bundesländern belief sie sich zuletzt auf monatlich rund 18,00 Euro, in den neuen Bundesländern auf rund 15,00 Euro. Ab 2011 müssen Sie doppelt so viel, ab 2012 viermal so viel wie jetzt bezahlen.

*Die Gründungsschritte*

Selbstständige in den alten Bundesländern müssen künftig mit rund 70,00 Euro Monatsbeitrag rechnen. Da der Beitrag an die Höhe des Beitragssatzes zur Arbeitslosenversicherung gekoppelt ist, wird der Beitrag zusätzlich steigen, wenn der Beitragssatz in Zukunft von dem historisch niedrigen Wert von 2,8% erhöht wird. Außerdem wird auch die zweite Berechnungsgrundlage, die so genannte monatliche Bezugsgröße, jedes Jahr mit der allgemeinen Einkommensentwicklung nach oben angepasst. Leidtragende sind Yogalehrerinnen mit niedrigem Gewinn. Der Beitrag wird nämlich unabhängig vom Gewinn und damit der finanziellen Leistungsfähigkeit festgelegt. Das ausgezahlte Arbeitslosengeld richtet sich jedoch nach der formalen Ausbildung.

Einen kleinen Trost gibt es nur für frischgebackene Gründerinnen – für sie gilt eine Übergangsfrist: Im ersten Jahr ihrer Selbständigkeit müssen sie künftig zumindest nur den halben Beitragssatz zahlen.

Berufshaftpflichtversicherung
Diese Versicherung deckt die Schäden ab, die Sie unbeabsichtigt an Ihren Teilnehmerinnen verüben. Auch wenn Sie nur im geringen Umfang Yoga, zum Beispiel an einer VHS, unterrichten, empfehle ich Ihnen den Abschluss einer Berufshaftpflichtversicherung. Sie bekommen diese Versicherung zum Beispiel zu einem Jahresbeitrag von 25,50 Euro beim Berufsverband der Yogalehrenden in Deutschland e.V. oder bei anderen Verbänden.

Betriebshaftpflichtversicherung
Wenn eine Teilnehmerin in Ihrer Yogaschule stolpert und sich verletzt, deckt das die Betriebshaftpflichtversicherung ab. Der Jahresbeitrag beträgt ca. 200,00 Euro bis 250,00 Euro. Wenn Sie bei einer VHS unterrichten, brauchen Sie diese Versicherung nicht. Sobald Sie private Gruppen machen und für Ihre Yoga-Kurse Räume anmieten, ist diese Versicherung dringend zu empfehlen.

Gesetzliche Unfallversicherung
Sie können sich als Freiberuflerin freiwillig gegen Arbeitsunfälle versichern lassen. Zuständig für uns Yogalehrende ist die Verwaltungsberufsgenossenschaft (VBG) in Hamburg. Zu einem günstigen Jahresbeitrag haben Sie dann alle Leistungen, die Ihre versicherungspflichtige Angestellte auch hat. Bei einer Mindestversicherungssumme von 30.240,00 Euro liegt der Beitrag bei 210,00 Euro pro Jahr. Den Beitrag können Sie als Betriebsausgaben geltend machen. Auch

*Die Gründungsschritte*

wenn Sie ausschließlich für eine Institution oder für eine VHS arbeiten, empfehle ich Ihnen, der Verwaltungsberufsgenossenschaft beizutreten. Damit sind Sie auf dem Weg zu Ihren Kursen versichert. Für den Fall, dass Sie berufsunfähig werden, zahlt Ihnen die Verwaltungsberufsgenossenschaft eine Rente und finanziert REHA-Leistungen. Ihre Familienmitglieder bekommen im Falle Ihres Ablebens eine Hinterbliebenenrente. Die Adresse Verwaltungsberufsgenossenschaft finden Sie in Kapitel 14.4.

Geschäftsversicherung
Die Geschäftsversicherung haftet für Schäden, die bei Einbruch, Diebstahl und Vandalismus entstehen. Sie kostet ca. 200,00 Euro pro Jahr. Da Sie in Ihrer Yogaschule außer Ihren Yogamatten und Decken wahrscheinlich keine Wertgegenstände befinden, halte ich sie für überflüssig.

Glasbruchversicherung
Meistens sind die Fenster und Türen Ihrer Schule über die Gebäudeversicherung Ihrer Vermieterin versichert. Bitte erkundigen Sie sich.

Lebensversicherung
Wenn Sie Familienangehörige haben, halte ich eine Lebensversicherung für wichtig. Als kapitalbildende Vorsorge für das Alter ist sie eher ungeeignet.

Private Berufsunfähigkeitsversicherung
Natürlich können Sie zusätzlich zu der gesetzlichen Unfallversicherung bei der Verwaltungsberufsgenossenschaft noch eine private Berufsunfähigkeitsversicherung abschließen, für günstiger halte ich jedoch eine private Unfallversicherung, doch das ist Ermessenssache.

## 5.4 Die Wahl der Rechtsform

Die Rechtsform ist das Grundgerüst Ihrer freiberuflichen Tätigkeit. Sie können zwischen verschiedenen Rechtsformen wählen und später auch die Rechtsform ändern, wenn das nötig ist.

*Die Gründungsschritte*

Folgende Fragen sollten Sie sich bei der Wahl der Rechtsform stellen:

- Wollen Sie Ihre Yogaschule alleine gründen?
- Möchten Sie die Haftung beschränken?

Nachfolgend habe ich Ihnen die üblichen Rechtsformen aufgeführt, die in der Yogaszene üblich sind:

### 5.4.1 Einzelunternehmen

Als Einzelunternehmen bezeichnet man jede selbstständige Tätigkeit einer einzelnen, natürlichen Person. Es ist die unter Existenzgründerinnen am weitesten verbreitete Form. Ein Einzelunternehmen kann ohne großen finanziellen Spielraum gegründet werden. Es ist keine bestimmte Mindestkapitalmenge vorgeschrieben. Sie können später Ihrer Firma noch Eigenkapital zuführen oder Kapital entnehmen. Sie brauchen dafür niemanden fragen. Sie können in Ihr Einzelunternehmen stille Gesellschafterinnen aufnehmen und Ihre Geschäfte durch Angestellte führen lassen. Sie haften aber uneingeschränkt mit Ihrem ganzen Privatvermögen. Das heißt, wenn Ihre Yogaschule Schulden macht und Sie den Unterrichtsbetrieb einstellen müssen, können Ihre Gläubigerinnen auf Ihr Privatvermögen zugreifen. Es ist eine sehr freie Rechtsform, wobei das Risiko hoch ist.

### 5.4.2 Die Gesellschaft des bürgerlichen Rechts (GbR)

Diese Rechtsform kann für Sie notwendig sein, wenn Sie Ihre Yogaschule zusammen mit einer zweiten Person gründen wollen. Der Vorteil ist, dass das Risiko halbiert wird. Die rechtliche Verankerung der GbR finden Sie im Bürgerlichen Gesetzbuch (BGB §§ 705). Sie ist unter Freiberuflerinnen die üblichste Form für einen Zusammenschluss. Eine einfache Einnahmeüberschussrechnung ist ausreichend.

**Tipp!**
Lassen Sie den GbR-Vertrag notariell beglaubigen. Das erhöht die Aussagekraft und bietet bei Streitigkeiten eine höhere Akzeptanz.

*Die Gründungsschritte*

### 5.4.3 Partnerschaftsgesellschaft (PartGG)

Diese Rechtsform ist ausschließlich für die Angehörigen der freien Berufe vorgesehen. Die rechtlichen Grundlagen finden Sie im Partnerschaftsgesellschaftsgesetz (PartGG). Für die Gründung einer Partnerschaftsgesellschaft ist kein Mindestkapital erforderlich. Es reicht eine einfache Einnahme-Überschussrechnung. Weil die Partnerschaftsgesellschaft ausschließlich den freien Berufen vorbehalten ist, zahlen Sie auch keine Gewerbesteuer. Im Falle einer Insolvenz bleibt Ihr Privatvermögen unangetastet. Sie müssen diesen Haftungsausschluss gegenüber Ihren Partnerinnen im Gesellschaftsvertrag aber schriftlich festhalten. Die Partnergesellschaft muss bei Ihrem Amtsgericht in das Partnerschaftsregister eingetragen werden. Dafür ist ein schriftlicher Gesellschaftsvertrag notwendig. Durch die Partnerschaftsgesellschaft kommen Sie in den Genuss wichtiger Vorteile klassischer Gesellschaftsformen, wie zum Beispiel niedriger Gründungsaufwand und Haftungsbeschränkung. Es muss mindestens der Name einer Gesellschafterin im Firmennamen enthalten sein, zum Beispiel Yogaschule Eva Mustermann & Partnerin.

### 5.4.4 Der Verein

Der eingetragene Verein ist eine juristische Person. Die gesetzlichen Bestimmungen finden Sie im Bürgerlichen Gesetzbuch (BGB §§ 21 bis 79). Diese Rechtsform wird gewählt, wenn sich eine größere Zahl von Personen zusammenschließen und wenn die Aufnahme und das Ausscheiden von Mitgliedern unkompliziert von statten gehen soll.

Die Vorteile eines eingetragenen Vereins sind:
- Der eingetragene Verein (e.V.) ist eine juristische Person.
- Der Vorstand ist vor den Risiken einer privaten Haftung geschützt.
- Die Mitglieder haften nicht für den Verein.
- Der e.V. kann als Körperschaft gemeinnützig sein.
- Er ist eine rechtlich definierte, demokratische Organisationsform.
- Die Gründungskosten sind gering.
- Es ist kein Mindestkapital erforderlich.

Die Nachteile eines eingetragenen Vereins sind:
- Die Vereinsgründung unterliegt bestimmten Anforderungen wie die Erstel-

*Die Gründungsschritte*

lung einer Satzung und die Wahl des Vorstandes.
- Für die Vereinsgründung sind mindestens sieben Mitglieder notwendig.

Für die Vereinsgründung (Notargebühr und Bekanntmachung im Vereinsregister) benötigen Sie ca. 150,00 Euro. Weitere Kosten fallen an, wenn Sie einen Rechtsanwalt mit der Erstellung einer Satzung beauftragen. Sie müssen ein Gründungsprotokoll erstellen, das von allen sieben Mitgliedern unterschrieben wird. Das Gründungsprotokoll und die Satzung werden über Ihren Notar beim Amtsgericht eingereicht. Zwingende Bestandteile der Satzung sind:
- der Vereinsname,
- der Vereinssitz,
- der Vereinszweck (z.B. Verbreitung von Yoga in Deutschland),
- die Beurkundung von Beschlüssen (Protokollierung),
- die Wahl des Vorstandes (er wird im Vereinsregister eingetragen),
- die Einberufung der Mitgliederversammlung (wann und wie).

Wenn einer dieser aufgeführten Punkte in der Satzung fehlt, wird das Registergericht die Eintragung des Vereins ablehnen.

Ist der Verein gegründet und im Vereinsregister eingetragen, können Sie bei Ihrem zuständigen Finanzamt die Gemeinnützigkeit beantragen. Wird diesem Antrag stattgegeben, entfällt für Sie die Abgabe der 19%-igen Umsatzsteuer. Sie dürfen dann im Gegenzug aber auch keine Vorsteuer geltend machen. Wenn alle Voraussetzungen vorliegen, gewährt Ihnen das Finanzamt eine vorläufige Freistellung für maximal 18 Monate. Als Nachweis erhält der Verein einen Freistellungsbescheid. Nachdem für das erste Jahr die Steuererklärung vorgelegt wurde, wird die Freistellung für jeweils drei Jahre im Voraus erteilt.
Die Vorteile einer Gemeinnützigkeit sind:
- Die Einnahmen des Vereins bleiben Körperschafts- und Gewerbesteuerfrei.
- Der Verein kann Spendenbescheinigungen ausstellen. Diese können dann von der Spenderin steuerlich geltend gemacht werden.
- Der Verein hat nach Außen einen Imageeffekt (Gemeinwohlorientierung).
- Der Verein kann öffentliche Zuschüsse beantragen.
- Manche Zeitungen veröffentlichen Ihre Veranstaltungen kostenfrei.

Mit der Gemeinnützigkeit ist aber eine Reihe von Auflagen verbunden. Das betrifft:

*Die Gründungsschritte*

- Einschränkungen bei der Mittelverwendung.
- Strenge Beschränkung bei finanziellen Zuwendungen an einzelne Mitglieder.
- Vermögensbindung bei Auflösung des Vereins.

## 5.5 Steuern

In diesem Kapitel erfahren Sie alles über die Steuerfristen, den Abgabetermin des Beitragsnachweises für die Sozialversicherung, sowie die Aufbewahrungsfrist von Geschäftsunterlagen. Ich empfehle Ihnen, sich diese Punkte gut einzuprägen. Sie ersparen sich dadurch für die Zukunft viel Ärger.

### 5.5.1 Umsatzsteuer

Die Umsatzsteuervoranmeldung ist bis zum 10. Tag nach Ablauf des Voranmeldungszeitraumes beim Finanzamt einzureichen (§18 Abs.1 UStG). Bei einer jährlichen Umsatzsteuerzahllast von 7.500,00 Euro müssen Sie jeden Monat eine Umsatzsteuervoranmeldung abgeben. Sie können eine Dauerfristverlängerung beantragen, dann haben Sie einen Monat mehr Zeit, diese Schuld zu begleichen. Bei einer jährlichen Umsatzsteuerzahllast bis 7.500,00 Euro reicht es aus, wenn Sie die Umsatzsteuervoranmeldung vierteljährlich abgeben. Abgabetermin ist in diesem Fall der 10. April, 10. Juli, 10. Oktober und 10. Januar.

Wenn Sie von der Kleinunternehmerregelung keinen Gebrauch gemacht haben, sondern umsatzsteuerpflichtig sind, brauchen Sie bis zu einer Umsatzsteuerzahllast von 511,00 Euro Ihre Umsatzsteuervoranmeldung nur einmal im Jahr einreichen. Für Jahreszahlerinnen ist der Abgabetermin der 31. Mai des Folgejahres. Eine Dauerfristverlängerung ist nicht möglich.

### 5.5.2 Einkommenssteuer, Kirchensteuer und Solidaritätsbeitrag

Die gesetzliche Frist zur Abgabe der Einkommensteuererklärung ist der 31. Mai des folgenden Jahres (§ 149 Abs. 2 S. 1 AO i.V.m. § 25 EStG). Diese Frist kann jedoch auf Antrag verlängert werden. Wenn eine Steuerberaterin Ihre Steuererklärungen macht, gilt eine antragsfreie, allgemeine Fristverlängerung bis zum

*Die Gründungsschritte*

31. Dezember des Folgejahres. Ohne Steuerberaterin gelten keine allgemeinen Fristverlängerungen. Die Vorauszahlungen der Einkommenssteuer, Kirchensteuer und des Solidaritätsbeitrages sind am 10. März, 10. Juni, 10. September und 10. Dezember eines jeden Jahres fällig. Für das erste Geschäftsjahr wird Ihr Einkommen geschätzt.

**Tipp!**
Stufen Sie sich mit Ihrem Umsatz für das erste Jahr nicht zu hoch ein.

### 5.5.3 Gewerbesteuer

Wenn Sie Ihre Yogaschule als Gewerbe angemeldet haben (was Sie bitte nicht machen, wenn Sie nur Yoga unterrichten möchten und nichts verkaufen wollen), sind Sie ab einem zu versteuernden Gewinn von 24.500,00 Euro verpflichtet, Gewerbesteuer zu zahlen. Jede Kommune hat für die Gewerbesteuer ihren eigenen Hebesatz. Von diesem Hebesatz wird prozentual der Beitrag für die Gewerbesteuer berechnet. Vorauszahlungen auf die Gewerbesteuer sind ebenfalls vierteljährlich zu entrichten. Hier gelten die Zahlungstermine 15. Februar, 15. Mai, 15. August und 15. November.

### 5.5.4 Lohnsteuer

Wenn Sie eine versicherungspflichtige Angestellte beschäftigen, müssen Sie als Arbeitgeberin nach § 41 a Einkommensteuergesetz für jeden Lohnsteuer-Anmeldungszeitraum eine Lohnsteuer-Anmeldung abgeben und zwar bis zum 10. des nachfolgenden Monats. Bis zu diesen Terminen ist die Lohnsteuer auch an das Finanzamt abzuführen. Wenn die Lohnsteuer im vorangegangenen Kalenderjahr mehr als 1.000,00 Euro aber weniger als 4.000,00 Euro betragen hat, ist der Anmeldezeitraum das Kalendervierteljahr. Die Lohnsteuer-Anmeldungen sind dann bis zum 10. Januar, 10. April, 10. Juli und 10. Oktober abzugeben. Hat die Lohnsteuer für das vorangegangene Kalenderjahr nicht mehr als 1.000,00 Euro betragen, ist das Kalenderjahr der Anmeldungszeitraum. Abgabetermin ist dann der 10. Januar des Folgejahres. Bei der Lohnsteuer gibt es keine Möglichkeit einer Dauerfristverlängerung.

*Die Gründungsschritte*

### 5.5.5 Schonfristen

Die für alle Steuern geltende Zahlungsschonfrist in § 240 Abs. 3 S. 1 Abgabenordnung (AO) bei einer verspäteten Zahlung durch Überweisung oder Einzahlung auf das Konto des Finanzamts beträgt drei Tage. Innerhalb der Schonfrist wird ein Säumniszuschlags erhoben. Das gilt nach §224 Abs.2 Nr. 1 AO jedoch nicht bei Bar- oder Scheckzahlung. Das heißt, eine Bar- oder Scheckzahlung muss spätestens am Fälligkeitstag erfolgen. Die Finanzämter setzen in der Regel aber ausnahmsweise dann keinen Säumniszuschlag fest, wenn ein Scheck der Anmeldung beigefügt wird oder wenn die Steuer innerhalb von drei Tagen nach Abgabe der Anmeldung durch Überweisung dem Finanzamt gutgeschrieben wird.

**Wichtig:** Eine Zahlung nach dem Fälligkeitstermin, aber noch innerhalb der Zahlungs-Schonfrist ist keine fristgemäße Zahlung. Sie ist pflichtwidrig, bleibt aber ohne Sanktion. Wenn jedoch die Zahlungs-Schonfrist einmal versehentlich überschritten wird, zum Beispiel durch einen Fehler der Bank, setzt das Finanzamt Säumniszuschläge fest, ohne dass ein Erlass in Betracht kommt. Denn wer seine Steuern laufend unter Ausnutzung der Schonfrist zahlt, ist kein pünktlicher Steuerzahler und gilt nicht als erlasswürdig.

### 5.5.6 Sozialversicherungsbeiträge

Bei allen Krankenkassen gilt ein einheitlicher Abgabetermin für den Beitragsnachweis. Diese müssen zwei Arbeitstage vor Fälligkeit an die Einzugsstelle übermittelt werden. Der Fälligkeitstag der Sozialversicherungsbeiträge ist der drittletzte Bankarbeitstag des jeweiligen Monats. In der Regel werden die Sozialversicherungsbeiträge von Ihrem Konto abgebucht.

### 5.5.7 Aufbewahrungsfristen

Im Handelsgesetzbuch (§ 238 HGB[1] und § 257 HGB[2]) und in der Abgabenordnung (§ 147 AO[3]) ist geregelt, wie lange kaufmännische Dokumente aufbewahrt werden müssen:

Teilnehmerinnenlisten, Geschäftspapiere und sonstige Unterlagen mit kaufmännischer und steuerlicher Bedeutung müssen Sie sechs Jahre lang aufbewahren.

*Die Gründungsschritte*

Zehn Jahre lang müssen Sie Rechnungen, Kassenbücher, Ihre Buchführungsunterlagen und Ihre Einnahme- und Überschussrechnungen aufbewahren. Alles, was gebucht wird, muss zehn Jahre aufbewahrt werden.

Die Aufbewahrungsfrist beginnt mit dem Ende des Kalenderjahres, in dem das Dokument erstellt worden ist und endet am letzten Tag des Schlussjahres.

# 6. Der Businessplan

Wie jedes Geschäftskonzept sollte auch ein Businessplan, der bei Beantragung des Gründungszuschusses oder des Einstiegsgeldes vorgelegt werden muss, aussagekräftig sein. Daneben ist eine ansprechende Form und klar strukturierte Gliederung empfehlenswert. Grundsätzlich kann man einen Businessplan grob in zwei Teile gliedern: Ein Textteil und ein Zahlenteil.

Im Textteil legen Sie anschaulich und überzeugend dar, welches geschäftliche Vorhaben geplant ist. Eine ausführliche Erläuterung der eigenen Geschäftsidee ist hier unverzichtbar. Positiv bewertet wird hier, wenn Sie sich von bereits am Markt vorhandenen Mitbewerberinnen abheben, beispielsweise durch einen zusätzlich angebotenen Service oder ein ausgefallenes Unternehmenskonzept.
Der zweite Teil des Businessplans besteht in der Regel aus Zahlen und Daten. Hierzu gehört beispielsweise eine Ertragsrechnung sowie eine Finanzierungsaufstellung. In der Regel wird auf diesen Zahlenteil besonderes Augenmerk gerichtet, da anhand dessen die Erfolgsaussichten am besten abgeschätzt werden können. Ziel der Förderung durch die Arbeitsagentur ist schließlich, dass Sie in absehbarer Zeit Ihren Lebensunterhalt alleine sichern können.

Bei Beantragung des Gründungszuschusses oder des Einstiegsgeldes verlangt die Arbeitsagentur eine fachkundige Stellungnahme zum erstellten Businessplan. Diese wird durch qualifizierte Stellen, wie zum Beispiel Banken, Wirtschaftsprüfer, Industrie- und Handelskammer, dem Berufsverband, Ihrem Kreditinstitut, Ihrer Steuerberaterin oder Unternehmensberaterin erstellt.

Nachfolgend habe ich Ihnen als Arbeitsgrundlage einen Businessplan beigefügt. Sie können die Daten entsprechend auf Ihr Vorhaben umschreiben.

**1. Schilderung des geplanten Vorhabens**
Tragen Sie hier Ihr geplantes Vorhaben ein. Der Text könnte etwa so lauten:

Ich bin zurzeit arbeitslos und will mich mit Hilfe der Agentur für Arbeit mit einer Yogaschule selbstständig machen. Der Unterricht findet in angemieteten Räumen in der Musterstraße 8, Musterhausen statt. Es ist eine tragfähige Vollexistenz geplant.

*Der Businessplan*

## 2. Fachliche Fähigkeiten und betriebswirtschaftliche Kenntnisse
Hier listen Sie Ihren Grundberuf und alle Ihre fachlichen Fähigkeiten auf. Die betriebswirtschaftlichen Kenntnisse dürfen natürlich nicht fehlen. Falls diese nicht vorhanden sind: Gibt es vielleicht eine Bekannte oder Verwandte, die über diese Fähigkeiten verfügt und die Sie mit in die Schule einbinden könnten?

## 3. Prüfung der Markt- und Wettbewerbsverhältnisse
Schreiben Sie an dieser Stelle etwas über die Yogaszene in Ihrer Stadt. Wie viele Yogaschulen gibt es bereits? Wie viele Yogakurse werden durch die VHS und durch Fitnessstudios abgedeckt? Haben Sie einen Wettbewerbsvorteil, beispielsweise dadurch, dass Ihre Yogakurse von den Krankenkassen als Präventionskurse lt. § 20 SGB V anerkannt sind? Decken Sie mit Ihrem Angebot Nischen ab? Arbeiten Sie mit ausgesuchten Zielgruppen?

## 4. Nachfragesituation
Etwa 1% bis 3% der Bevölkerung einer Stadt haben Interesse an Yoga, Meditation und Entspannung. Wie viele Einwohner hat Ihre Stadt? Wie groß ist Ihr Einzugsgebiet? Ermitteln Sie das so in Frage kommende Potenzial.

## 5. Prüfung der Objekteignung
Hier tragen Sie die Daten Ihres zukünftigen Objektes ein. Der Text könnte so lauten: Die zukünftige Yogaschule (120 qm) liegt im ersten Obergeschoß eines Bürohauses. Die Schule hat einen großen Gruppenraum (78 qm), einen kleinen Raum (14 qm) für Einzelsitzungen, einen Umkleideraum (14 qm), Teeküche (10 qm), sowie zwei Toiletten (jeweils 2 qm). Eine Einverständniserklärung der Vermieterin zur gewerblichen Nutzung liegt vor. Die Räume liegen in einer ruhigen Lage. Sie werden nach meinen Vorstellungen entsprechend renoviert. Es wurde mit der Vermieterin vereinbart, dass ich einen Eigenanteil von 500,00 Euro für die Renovierungsarbeiten übernehme. Die monatliche Miete und die anfallenden Nebenkosten sind akzeptabel. Die zukünftige Yogaschule ist mit öffentlichen Verkehrsmitteln gut zu erreichen. Es sind genügend Parkplätze vorhanden.

## 6. Planungsrechtliche Auflagen und baurechtliche Vorschriften
Bestehen planungsrechtliche oder baurechtliche Auflagen?

*Der Businessplan*

**7. Investitionen (in Euro)**

| | |
|---|---|
| 15 Yogamatten x 40,00 | 600,00 Euro |
| 15 Meditationskissen x 40,00 | 600,00 Euro |
| 15 Meditationsbänkchen x 40,00 | 600,00 Euro |
| 15 Wolldecken x 30,00 | 450,00 Euro |
| 15 Kissen (klein) x 10,00 | 150,00 Euro |
| Möbel | 500,00 Euro |
| Geschirr, Lampen, Bilder, Pflanzen | 300,00 Euro |
| Computer | 500,00 Euro |
| Telefon, Fax, Kopierer | 500,00 Euro |
| Stereoanlage/Boxen für alle Räume | 250,00 Euro |
| Kühlschrank | 250,00 Euro |
| Wasserkocher, Kaffeemaschine | 100,00 Euro |
| Beschilderung | 200,00 Euro |
| Umbau- Maler und Elektriker | 500,00 Euro |
| Werbung | 800,00 Euro |
| Werbeaufsteller | 250,00 Euro |
| Staubsauger | 250,00 Euro |
| Erstausstattung Büromaterial | 500,00 Euro |
| Reinigungsmaterialen | 300,00 Euro |
| Kaution/Miete | 2.400,00 Euro |
| gesamt: | 10.000,00 Euro |

In dem Beispiel belaufen sich die Investitionskosten Ihrer Yogaschule auf 10.000,00 Euro. Ideal ist es, wenn Sie das Geld schon auf Ihrem Konto haben, was in der Regel jedoch nicht der Fall ist. Sie können sich privat Geld leihen über einen Privatkredit (empfehlenswert ist eine schriftliche Vereinbarung), über Kredite oder Darlehen. Wenn Sie für diese Kosten ein Darlehen aufnehmen möchten, empfehle ich Ihnen das ESF-Mikro-Darlehen. Der Text könnte dann wie folgt lauten: Die 10.000,00 Euro werden über das ESF-Mikro-Darlehen zu einem Zinssatz von 9 % und einer Laufzeit von 60 Monaten aufgenommen. Die ersten 12 Monate sind tilgungsfrei. Ab dem 13. Monat bis zum 60. Monat (48 Monate) beträgt die monatliche Tilgungsrate 208,33 Euro. Die Zinsen pro Jahr betragen 900,00 Euro (mtl. 75 Euro ab dem 1. Monat).

*Der Businessplan*

## 8. Vorläufiges Betriebsergebnis für 3 Jahre

| Erlöse im 1. Jahr | Schülerinnen | Betrag | mtl. | p.a. |
|---|---|---|---|---|
| Einnahmen Yoga für Erwachsene | 60 | 40,00 Euro | 2.400,00 EUR | 28.800,00 Euro |
| Einnahmen Yoga für Kinder | 10 | 20,00 Euro | 200,00 EUR | 2.400,00 Euro |
| Einnahmen aus Einzelunterricht | 5 | 40,00 Euro | 200,00 EUR | 2.400,00 Euro |
| 6 Yoga Tage á 10 Personen | 60 | 60,00 Euro | 300,00 EUR | 3.600,00 Euro |
| 4 Wochenendseminare à 12 Personen | 48 | 100,00 Euro | 400,00 Euro | 4.800,00 Euro |
| Untervermietung eines Raumes | | | 200,00 Euro | 2.400,00 Euro |
| **Erlöse** | | | **3.700,00 Euro** | **44.400,00 Euro** |

| Erlöse im 2. Jahr | Schülerinnen | Betrag | mtl. | p.a. |
|---|---|---|---|---|
| Einnahmen Yoga für Erwachsene | 80 | 40,00 Euro | 3.200,00 Euro | 38.400,00 Euro |
| Einnahmen Yoga für Kinder | 10 | 20,00 Euro | 200,00 Euro | 2.400,00 Euro |
| Einahmen aus Einzelunterricht | 10 | 40,00 Euro | 400,00 Euro | 4.800,00 Euro |
| 6 Yoga Tage á 12 Personen | 72 | 70,00 Euro | 420,00 Euro | 5.040,00 Euro |
| 4 Wochenendseminare à 12 Personen | 48 | 120,00 Euro | 480,00 Euro | 5.760,00 Euro |
| Untervermietung eines Raumes | | | 200,00 Euro | 2.400,00 Euro |
| **Erlöse** | | | **4.900,00 Euro** | **58.800,00 Euro** |

*Der Businessplan*

| Erlöse im 3. Jahr | Schülerinnen | Betrag | mtl. | p.a. |
|---|---|---|---|---|
| Einnahmen Yoga für Erwachsene | 100 | 40,00 Euro | 4.000,00 Euro | 48.000,00 Euro |
| Einnahmen Yoga für Kinder | 10 | 20,00 Euro | 200,00 Euro | 2.400,00 Euro |
| Einnahmen aus Einzelunterricht | 15 | 40,00 Euro | 600,00 Euro | 7.200,00 Euro |
| 6 Yoga Tage á 15 Personen | 90 | 80,00 Euro | 600,00 Euro | 7.200,00 Euro |
| 4 Wochenendseminare à 15 Personen | 60 | 150,00 Euro | 750,00 Euro | 9.000,00 Euro |
| Untervermietung eines Raumes | | | 200,00 Euro | 2.400,00 Euro |
| **Erlöse** | | | **6.350,00 Euro** | **76.200,00 Euro** |

| Betriebsausgaben in Euro | mtl. | 1. Jahr | 2. Jahr | 3. Jahr |
|---|---|---|---|---|
| Raummiete | 600,00 | 7.200,00 | 7.200,00 | 7.200,00 |
| Mietnebenkosten Strom, Gas, Wasser | 200,00 | 2.400,00 | 2.400,00 | 2.400,00 |
| Hygieneartikel und Reinigungsmaterial | 40,00 | 480,00 | 480,00 | 480,00 |
| Berufshaftpflichtversicherung | 2,13 | 25,50 | 25,50 | 25,50 |
| Geschäftsversicherung | 20,00 | 240,00 | 240,00 | 240,00 |
| Blumen, Kerzen, Duft Öle, Deko | 40,00 | 480,00 | 480,00 | 480,00 |
| Nebenkosten Geldverkehr | 20,00 | 240,00 | 240,00 | 240,00 |
| Werbung (5% vom Umsatz) | 185,00 | 2.220,00 | 2.220,00 | 2.220,00 |
| Telefonkosten | 80,00 | 960,00 | 960,00 | 960,00 |
| (GEZ) | 5,76 | 69,12 | 69,12 | 69,12 |
| GEMA (3,75 % von den Kurseinnahmen) | - | 1.665,00 | 1.665,00 | 1.665,00 |
| Büromaterial und Briefmarken | 80,00 | 960,00 | 960,00 | 960,00 |
| Beitrag Berufsverband | 15,00 | 180,00 | 180,00 | 180,00 |
| Abschreibungen | 126,67 | 1.520,00 | 1.520,00 | 1.520,00 |
| Kosten Steuerberater | 150,00 | 1.800,00 | 1.800,00 | 1.800,00 |

*Der Businessplan*

| Betriebsausgaben in Euro | mtl. | 1. Jahr | 2. Jahr | 3. Jahr |
|---|---|---|---|---|
| Beitrag zur Berufsgenossenschaft | 150,00 | 1.800,00 | 1.800,00 | 1.800,00 |
| Zinsen ESF- Darlehen (10.000 Euro, 9% p.a.) | 75,00 | 900,00 | 900,00 | 900,00 |
| **Betriebskosten gesamt:** | **1.677,05** | **21.789,62** | **23.049,62** | **24.572,12** |
| Einnahmenüberschussrechnung: | | 1. Jahr | 2. Jahr | 3. Jahr |
| Erlöse | | 44.400,00 | 58.800,00 | 76.200,00 |
| Betriebsausgaben | | 21.789,62 | 23.049,62 | 24.572,12 |
| Gewinn | | 22.610,38 | 35.750,38 | 51.627,88 |

## 9. Kosten der sozialen Absicherung

| Bezeichnung | mtl. | jährlich |
|---|---|---|
| Krankenversicherung, 15,5% von 1.277,50 Euro | 198,01 Euro | 2.376,12 Euro |
| Pflegegeldversicherung, 1,95% von 1.277,50 Euro | 24,91 Euro | 298,92 Euro |
| Rentenversicherung, 19,9% v. 1.277,50 Euro | 254,22 Euro | 3.050,64 Euro |
| **Gesamt:** | **477,14 Euro** | **5.725,68 Euro** |

Von 477,14 Euro Sozialversicherungsbeiträgen übernimmt die Agentur für Arbeit die nächsten neun Monate 300,00 Euro. Danach für weitere sechs Monate auf Antrag noch einmal 300,00 Euro. Es bleibt eine Eigenbeteiligung in Höhe von 177,14 Euro monatlich.

## 10. Finanzielle Situation

An dieser Stelle beschreiben Sie Ihre finanzielle Situation. Erwähnen Sie auch, dass Ihre Existenzgründung mit Hilfe der Agentur für Arbeit durchgeführt wird, wenn dies der Fall ist. Die Agentur für Arbeit zahlt die nächsten neun Monate einen Gründungszuschuss in Höhe des bisherigen Arbeitslosengeldes. Damit werden die privaten Lebenshaltungskosten gedeckt sein.

*Der Businessplan*

**11. Feststellung des Kapitalbedarfs und der Finanzierung**
Ihr Kapitalbedarf wird sich wahrscheinlich wie folgt zusammensetzen:

| | |
|---|---:|
| Investitionen (siehe Punkt 7) | 10.000,00 Euro |
| Betriebskosten für die ersten 6 Monate (1.677,05 Euro x 6 – siehe Punkt 8) | 10.062,30 Euro |
| Kosten für die soziale Absicherung der ersten 6 Monate (177,14 Euro Eigenanteil siehe Punkt 9) | 1.062,84 Euro |
| **Gesamt:** | **21.125,14 Euro** |

Der Kapitalbedarf für die ersten sechs Monate beträgt 21.125,14 Euro. Die Betriebskosten für die ersten sechs Monate werden durch die Einnahmen (siehe vorläufiges Betriebsergebnis für die ersten 3 Jahre) gedeckt. Die Kosten für die soziale Absicherung werden durch das Eigenkapital und durch ein evtl. zinsfreies Darlehen von Freunden und Verwandten bestritten. Die Investitionen (einschließlich Mietkaution) werden zum Beispiel über das ESF-Mikrodarlehen finanziert.

**12. Finanzierungskonditionen (Zinsen, Tilgung, Laufzeit), monatliche Belastung, Prognose, dass die Kapitaldienste erbracht werden können**
Das ESF-Mikro-Darlehen gibt es zu einem Zinssatz von 9%. Die ersten 12 Monate sind tilgungsfrei. Die Zinsbelastung beträgt 75,00 Euro pro Monat. Die Zinsen sind in den Betriebsausgaben einkalkuliert. Sie sind ohne Schwierigkeiten zu begleichen. Die Tilgung ist ab dem 2. Jahr (208,33 Euro für 48 Monate) ebenfalls tragbar.

**13. Voraussichtliches Betriebsergebnis für das erste Jahr**
Es müssen ständig 60 Schülerinnen mit einem festen Monatsbeitrag von 40,00 Euro unter Vertrag stehen. Die zu erwartenden Erlöse wurden vorsichtig angesetzt. Es ist abzusehen, dass Teilnehmerinnen aus den vorangegangenen Yogakursen den Wechsel in die private Yogaschule mitmachen werden.

*Der Businessplan*

**14. Feststellungen zur Wirtschaftlichkeit des Unternehmens unter Berücksichtigung der Unternehmenskonzeption mit einer detaillierten begründeten Darstellung der Leistungen und Erlöse, der Kostenrechnung und Kalkulation**

Unter diesem Punkt müssen Sie die Wirtschaftlichkeit Ihres Unternehmens begründen. Der Text könnte etwa so aussehen:

Der Yogaunterricht soll in Gruppen mit maximal 15 Personen durchgeführt werden. Einen Monatsbeitrag von 40,00 Euro halte ich für angemessen. Die Erlöse wurden auf 12 Monate berechnet. Der Sommermonat ist unterrichtsfrei. Die monatlichen Gebühren sollten per Lastschrift eingezogen werden.

Im ersten Jahr werden acht Yogagruppen an verschiedenen Wochentagen und zu unterschiedlichen Uhrzeiten geplant. Wegen der zentralen Lage meiner Schule könnte ich an einem Tag in der Woche „Entspannungstraining in der Mittagspause" anbieten. Die Zielgruppe sind Firmen, Behörden und Institutionen im näheren Umkreis.

Die Anzahl der laufenden Yogakurse wird sich im zweiten Jahr um zwei und im dritten Jahr noch einmal um zwei erhöhen. Eventuell müsste im dritten Jahr eine Aushilfskraft auf Honorarbasis beschäftigt werden.

Die Yoga Tage sind zum unverbindlichen Kennen lernen gedacht. Es hat sich gezeigt, dass die Kursteilnehmerinnen eher bereit sind einen Platz in einer fortlaufenden Jahresgruppe zu belegen, wenn sie vorher einen Schnuppertag gemacht haben. Die Abschlussquote nach Schnuppertagen liegt bei 80%. Die Wochenendseminare sind für die Teilnehmerinnen der laufenden Kurse und der Einzelschülerinnen zur Intensivierung der eigenen Übungspraxis. Die Ferienseminare sind eine gute Ergänzung meines Angebotes. Sie füllen das Sommerloch. Zur übrigen Tageszeit werde ich Yoga-Einzelunterricht anbieten. Mit fünf Personen im Monat ist diese Einnahmequelle vorsichtig kalkuliert. In den letzten Jahren ist der Trend zur individuellen Betreuung im Einzelunterricht entstanden. Die Menschen müssen sich auf keinen festen, regelmäßigen Termin festlegen. Der Einzelunterricht ist teurer als der laufende Gruppenunterricht. Er wird (meist) von einer gehobenen, finanzkräftigen Mittelschicht angenommen. Der Preis liegt zwischen 30,00 Euro und 60,00 Euro. Nach meiner Einschätzung

*Der Businessplan*

werde ich in den ersten sechs Monaten kostendeckend arbeiten. Bereits vor Ablauf des ersten Geschäftsjahres werde ich mich in der Gewinnzone befinden. Auf lange Sicht gesehen ist eine tragfähige Vollexistenz gewährleistet.

**15. Konkrete Handlungsvorschläge und Anleitungen zu ihrer Umsetzung (Organisation, Rechnungswesen und Werbung)**
Hier führen Sie auf, was Sie in den nächsten Tagen in Bezug zu Ihrer Selbstständigkeit tun werden. Ein Beispiel könnte dieses sein: Wegen des ESF-Mikro-Darlehens in Höhe von 10.000,00 Euro sind Gespräche mit der Hausbank notwendig. Ich werde außerdem Gespräche mit der Krankenkasse und der Deutschen Rentenversicherung führen. Dem Finanzamt werde ich mitteilen, dass ich eine Yogaschule (als freiberufliche Tätigkeit) eröffnen werde. Die Buchführung einschließlich aller anfallenden Arbeiten werde ich komplett an eine Steuerberaterin übergeben. Eine geeignete Grafikerin wird Flyer erstellen. Ich lege Sie an markanten Stellen (Apotheken, Ärzte, Büchereien, Beratungsstellen, etc.) aus. Es sollen Fließtextanzeigen in Zeitungen geschaltet werden. Ein Internetauftritt wird vorbereitet.

# 6.1 Förderprogramme des Bundes und der Länder

Der Bund, die Bundesländer und die EU unterstützen kleine und mittelständische Unternehmerinnen durch Förderprogramme. Dabei handelt es sich meist um Darlehen, aber auch um nicht rückzahlbare Zuschüsse. Typisch für öffentliche Förderdarlehen sind unter anderem günstige Zinsen, lange Laufzeiten und häufig eine rückzahlungsfreie Zeit, bis Sie mit der Tilgung beginnen müssen. Nachfolgend habe ich Ihnen einige Förderprogramme für Existenzgründerinnen zusammengestellt. Darüber hinaus gibt es Sonderprogramme einzelner Bundesländer, auf die ich hier aus Platzgründen nicht näher eingegangen bin. Eine gute Informationsquelle für solche Sonderprogramme ist das Internet.

### 6.1.1 Der Gründungszuschuss
Ziel des Gründungszuschusses ist es, arbeitslose Gründerinnen auf ihrem Weg in die Selbstständigkeit zu unterstützen. Die Förderung mit dem Gründungszuschuss gliedert sich in zwei Phasen, die zusammen eine maximale Förderdauer von 15 Monaten ergeben. Spätestens dann müssen Sie finanziell auf eigenen Füßen stehen.

*Der Businessplan*

Die erste Phase der Förderung umfasst neun Monate. Erfüllen Sie die Voraussetzungen zum Bezug der Förderung, so haben Sie auf diese Phase einen Rechtsanspruch. Die finanzielle Unterstützung besteht dabei aus zwei Bausteinen: Sie bekommen zur Sicherung Ihres Lebensunterhaltes weiterhin monatlich Ihr individuelles Arbeitslosengeld. Zusätzlich steht Ihnen eine Pauschale in Höhe von 300,00 Euro pro Monat zu, die der sozialen Absicherung beziehungsweise der Finanzierung der Sozialversicherungsbeiträge dienen soll. Die zweite Phase der Förderung umfasst weitere sechs Monate. Bei diesem Baustein des Gründungszuschusses handelt es sich aber um eine Kann-Leistung seitens der Arbeitsagentur. Einen Rechtsanspruch darauf haben Sie nicht. Der Zuschuss der zweiten Phase muss gesondert beantragt werden. Wird er genehmigt, erhalten Sie über diesen Zeitraum die Pauschale in Höhe von 300,00 Euro pro Monat. Die Arbeitslosengeld-Zahlungen entfallen. Der Gründungszuschuss dient nicht zur Finanzierung der Geschäftsidee, sondern soll Ihnen in der schwierigen Anfangsphase der Gründung zur Deckung Ihrer Lebenshaltungskosten und Sozialversicherungsbeiträge helfen.

Ab wann können Sie den Gründungszuschuss beantragen?
Wenn Sie den Gründungszuschuss beantragen möchten, müssen Sie mindestens einen Tag arbeitslos gemeldet sein. Vor der Gründung, also vor der steuerlichen Anmeldung beim Finanzamt müssen Sie unbedingt den Antrag auf Gründungszuschuss stellen. Findet die Anmeldung vorher statt, besteht kein Anspruch mehr auf Unterstützung. Entscheidend ist das Datum der steuerlichen Anmeldung beim Finanzamt. Der Gründungszuschuss muss nicht versteuert werden! Welche Voraussetzungen müssen Sie erfüllen, um den Gründerzuschuss zu erhalten?

Sie müssen gründen, so lange Sie noch mindestens drei Monate Anspruch auf Arbeitslosengeld I (oder vergleichbare Leistungen) haben. In den 90 Tagen des Arbeitslosengeld-I-Bezugs steht Ihnen der Gründungszuschuss nicht mehr offen. Auf der Basis von Arbeitslosengeld II können Sie nur noch das deutlich weniger attraktive Einstiegsgeld beantragen. Die geplante Selbständigkeit muss einen zeitlichen Umfang von mindestens 15 Stunden ausmachen.

Bleibt Ihnen ein Restanspruch auf Arbeitslosengeld I erhalten?
Nein, Sie beziehen den Gründerzuschuss anstelle des Arbeitslosengeldes. Allerdings können Sie beliebig viel hinzuverdienen, ansonsten ist nur ein Zuver-

*Der Businessplan*

dienst von 165,00 Euro pro Monat möglich. Außerdem können Sie freiwilliges Mitglied in der Arbeitslosenversicherung werden und auf diese Weise innerhalb von zwölf Monaten einen neuen Anspruch auf Arbeitslosengeld erwerben.

Können Sie eine Förderung auch dann erhalten, wenn Sie selbst gekündigt oder einen Aufhebungsvertrag geschlossen haben?
Wenn Sie die Arbeitslosigkeit selbst verschulden, erhalten Sie in der Regel eine Sperrzeit. Wenn Sie während dieser Sperrzeit gründen, wird Ihre Gründung nicht gefördert. Im Anschluss ist eine geförderte Gründung aber möglich. Sie müssen die Sperrzeit finanziell überbrücken, um danach die Förderung zu erhalten.

Müssen Sie einen Businessplan erstellen?
Um den Gründungszuschuss zu erhalten, müssen Sie einen Businessplan erstellen. Sechs Seiten sind das Minimum, die Obergrenze liegt bei etwa 15 Seiten. Damit weisen Sie nach, dass Ihre Selbstständigkeit tragfähig ist, also nach einer Anlaufzeit – wenn alles klappt – Ihre Lebenshaltungskosten decken wird. Wichtig ist, dass Sie sich intensiv mit Ihrer Unternehmensidee auseinandergesetzt haben und das Vorhaben verständlich beschreiben. Außerdem sollten Sie sich mit dem Markt beschäftigt haben und darlegen, wie Sie Teilnehmerinnen für Ihre Yogakurse akquirieren wollen. Sie müssen außerdem belegen, welche beruflichen Qualifikationen Sie für Ihr Geschäftsmodell mitbringen und inwieweit Ihr soziales Umfeld die Gründung trägt. Die Arbeitsagentur muss erkennen, dass Eignung und Wille in den wesentlichen Punkten vorhanden sind.

Ihren Businessplan müssen Sie von einer fachkundigen Stelle prüfen lassen. Durch das Schreiben und Rechnen des Businessplans und die Beratung durch die fachkundige Stelle bereiten Sie sich zugleich besser auf Ihre Gründung vor und erhöhen so die Erfolgschancen Ihrer Gründung. Zusätzlich müssen Sie gegenüber der Arbeitsagentur oder einer von ihr benannten Stelle Ihre persönliche Eignung als Existenzgründerin nachweisen.

Ist die gleichzeitige Aufnahme einer nichtselbständigen Tätigkeit möglich?
Zusätzlich zur selbständigen Tätigkeit dürfen Sie auch eine nichtselbständige Tätigkeit aufnehmen. Der Zeitaufwand für die selbständige Tätigkeit muss den für die nichtselbständige Tätigkeit jedoch übertreffen und auf jeden Fall mindestens 15 Stunden ausmachen. Besprechen Sie entsprechende Pläne vorab mit Ihrer Arbeitsagentur!

*Der Businessplan*

Was ist, wenn Ihre Selbständigkeit scheitert oder Sie einen guten Job angeboten bekommen?
Sie können die Selbständigkeit jederzeit beenden oder nur noch nebenberuflich (weniger als 15 Stunden pro Woche) fortsetzen. Dies führt zu einem Abbruch der Förderung. Eine temporäre Unterbrechung ist nicht möglich. Innerhalb der folgenden 24 Monate können Sie nicht noch einmal einen Gründungszuschuss beantragen. Wenn Ihre Selbstständigkeit nicht erfolgreich ist, können Sie innerhalb von vier Jahren ab dem ursprünglichem Eintreten der Arbeitslosigkeit (gemäß Bescheid, eine eventuelle Sperrzeit zählt mit) in den Arbeitslosengeld-I-Bezug zurückkehren. Ihr Restanspruch wird beim Gründungszuschuss allerdings um die Zeit gekürzt, während der Sie die Grundförderung bezogen haben. Dies gilt allerdings nur, wenn Sie vor der Gründung mindestens einen Tag arbeitslos waren. Wenn Sie sich nahtlos selbständig gemacht haben, wird Ihr Anspruch auf Arbeitslosengeld so geprüft, als würden Sie erstmalig arbeitslos. Die Dauer des Anspruchs auf Arbeitslosengeld mindert sich um die Anzahl von Tagen, für die ein Gründungszuschuss gezahlt wurde.

Welche Änderungen müssen Sie der Arbeitsagentur melden?
Wenn Sie die Selbständigkeit abbrechen oder nur noch nebenberuflich (weniger als 15 Stunden pro Woche) betreiben, so müssen Sie dieses der Arbeitsagentur melden. Wenn Sie eine nichtselbstständige Tätigkeit annehmen, deren Zeitumfang die selbständige Tätigkeit übertrifft, so sind Sie ebenfalls verpflichtet dies zu melden.

Müssen Sie Beiträge zur gesetzlichen Rentenversicherung zahlen, und wie hoch sind sie?
Ja, Sie sind als Yogalehrerin Rentenversicherungspflichtig. Der Beitrag beträgt 254,22 Euro pro Monat (Mindestbeitragsbemessungsgrenze 1.277,50 Euro, davon 19,9%).

Müssen Sie Beiträge zur Kranken- und Pflegeversicherung zahlen, und wie hoch sind sie?
Falls Sie nicht privat versichert sind, empfehle ich Ihnen, sich freiwillig gesetzlich zu versichern. Der Beitragssatz der gesetzlichen Krankenversicherungen liegt bei 15,5%, der Beitragssatz für die Pflegeversicherung bei 1,95% (beziehungsweise 2,20% wenn Sie keine Kinder haben). Bezogen auf die Mindestbeitragsbemessungsgrenze für Gründerinnen (1.277,50 Euro) sind das für die

Krankenversicherung 198,01 Euro und für die Pflegeversicherung 22,36 Euro (beziehungsweise 24,91 Euro).

Wie hoch sind die Kosten für die Sozialversicherungsbeiträge insgesamt?
Krankenversicherung 198,01 Euro, Pflegegeldversicherung 24,91 Euro und Rentenversicherung 254,22 Euro. Das macht insgesamt 477,14 Euro. Davon übernimmt die Agentur für Arbeit 300,00 Euro, wenn Sie einen Gründungszuschuss erhalten. Es verbleibt für Sie eine monatliche Belastung von 177,14 Euro.

**6.1.2 Das Einstiegsgeld**
Wenn Sie Arbeitslosengeld II erhalten und eine Gründung planen, gibt es als Förderung das so genannte Einstiegsgeld. Mit Hilfe des Einstiegsgeldes können Sie bis zu zwei Jahre lang die Regelleistung beim Arbeitslosengeld II um 50% bis 100% erhöhen und zusätzlich noch etwas dazuverdienen. Das Einstiegsgeld muss vor der Existenzgründung bei der zuständigen Arbeitsvermittlerin beantragt werden. Sie haben die Möglichkeit, sich aus der Sicherheit des Arbeitslosengeld II-Bezugs eine selbstständige Existenz aufzubauen. Das Einstiegsgeld ist eine Kann-Leistung. Es gibt regionale Unterschiede. Bei Beantragung des Einstiegsgeldes verlangt die Arbeitsagentur eine fachkundige Stellungnahme zum erstellten Businessplan. Sie bleiben weiterhin in der gesetzlichen Krankenversicherung versichert, auch die Beiträge der Pflegeversicherung und der Rentenversicherung werden weiter gezahlt, solange die Hilfebedürftigkeit besteht. Das Einstiegsgeld ist steuerfrei.

Wie erhalten Sie Einstiegsgeld?
Zuerst benötigen Sie ein gut ausgefeiltes Konzept für Ihr zukünftiges Unternehmen. Mit diesem Konzept müssen Sie Ihre Sachbearbeiterin überzeugen, das Einstiegsgeld zu bewilligen. Es sollte aus dem Plan hervorgehen, dass sich Ihre Idee in eine tragfähige Existenz umwandeln lässt.

Wie hoch ist das Einstiegsgeld?
Das Einstiegsgeld ist ein Zuschuss zum Arbeitslosengeld II und beträgt 50% der Regelleistung. Hierzu ein Beispiel: Die Regelleistung für Alleinstehende beträgt 364,00 Euro. Die Hälfte davon sind 182,00 Euro. Eine geförderte Alleinstehende würde also 546,00 Euro zusätzlich zu Miete und Heizkosten erhalten. Das Einstiegsgeld hängt von der Größe der Familie beziehungsweise Bedarfsgemeinschaft ab: Für jedes zusätzliche Mitglied erhöht es sich. Der Zuschuss wird 100% der Regelleistung nicht übersteigen (also max. 728,00 Euro monatlich).

*Der Businessplan*

Dauer der Förderung
Die Förderung darf maximal für zwei Jahre vergeben werden, wobei bei Förderungen von mehr als einem Jahr eine Zuschussdegression stattfinden soll, das heißt, die Förderung wird nach 12 Monaten in aller Regel gekürzt. Die zuständige Stelle kann lokal auch eine Förderdauer von weniger als zwei Jahren festlegen und bestimmt auch den Umfang der Zuschussdegression. In der Regel wird das Einstiegsgeld zunächst nur für sechs Monate vergeben und bei der Verlängerung kritisch geprüft, ob die geschäftliche Entwicklung aussichtsreich genug ist.

Voraussetzungen
Die Voraussetzungen für die Förderbarkeit sind:
- Sie müssen Anspruch auf Arbeitslosengeld II haben.
- Die Aufnahme einer hauptberuflichen selbstständigen Tätigkeit muss nachgewiesen werden.
- Die Erstellung eines Businessplanes ist notwendig.

Sie dürfen nur einen Bruchteil vom Gewinn behalten
Das Einstiegsgeld hat einen Nachteil: Sie dürfen nicht beliebig viel dazu verdienen. Es gibt noch nicht einmal einen Freibetrag wie bei Zuverdiensten zum Arbeitslosengeld I, wo man bis zu 165,00 Euro dazu verdienen darf, ohne dass es zu einer Anrechnung kommt. Arbeitslosengeld II-Empfängerinnen müssen alle Umsätze und Gewinne regelmäßig bei ihrer Fallmanagerin melden und dürfen davon nur etwa zehn bis 17% behalten. Wenn es Ihnen gelingt, in einem Monat 1.000,00 Euro Gewinn zu erzielen, werden sie davon nur etwa 165,00 Euro als zusätzliches Einkommen zu Arbeitslosengeld II und Einstiegsgeld behalten können. Wenn Ihr selbstständiges Einkommen Ihr Arbeitslosengeld II übersteigt, können Sie natürlich auf das Arbeitslosengeld II verzichten und Ihren Gewinn ungekürzt verwenden.

Rechtsanspruch/Rechtsgrundlage
Es handelt sich um eine Kann-Leistung. Es liegt im Ermessen der zuständigen Fallmanagerin ob sie die Förderung genehmigt oder nicht. Die Vergabe kann auch davon abhängig sein, ob noch ausreichend budgetierte Mittel zur Verfügung stehen. Es besteht also kein Rechtsanspruch. Das Einstiegsgeld ist in § 29 SGB II geregelt.

### 6.1.3 Existenzgründungsberatung

Manche Arbeitsagenturen bieten Ihnen eine Existenzgründungsberatung oder eine ganze Schulung in Form eines mehrwöchigen Seminars an. Es gibt hierfür Fördertöpfe, die sich aber auch ändern können. In der Regel arbeiten die Agenturen für Arbeit mit Regionalpartnern zusammen. In den wenigsten Fällen müssen Sie die Kosten für eine Existenzgründungsberatung selber tragen. Informieren Sie sich vorher bei der AfA.

### 6.1.4 Gründercoaching Deutschland

Die KfW Bankengruppe (Kreditanstalt für Wiederaufbau) fördert mit Unterstützung des Europäischen Sozialfonds (ESF) Coaching Maßnahmen, um Existenzgründerinnen die Finanzierung von Beratungen zu ermöglichen und den Bestand von Existenzgründungen zu erhöhen. Gefördert werden Coaching Maßnahmen zu wirtschaftlichen, finanziellen und organisatorischen Fragen in den ersten fünf Jahren der Start- und Festigungsphase nach Gründung. Existenzgründerinnen aus der Arbeitslosigkeit können eine erhöhte Förderung erhalten. Die dazugehörigen Adressen finden Sie in Kapitel 14.4.

Antragsberechtigte
Förderungsberechtigt sind Existenzgründerinnen im Bereich der Freien Berufe, die in den zurückliegenden fünf Jahren ein Unternehmen gegründet oder übernommen haben.

Voraussetzungen
Die Gründung beziehungsweise Geschäftsübernahme muss erfolgt sein und darf zum Zeitpunkt der Antragstellung nicht länger als fünf Jahre zurückliegen. Bei der Förderung von Gründungen aus der Arbeitslosigkeit muss die Antragstellung im ersten Jahr nach der Gründung erfolgen. Zudem müssen Sie in diesem Zeitraum Leistungen nach dem SGB zur Aufnahme einer selbstständigen Tätigkeit erhalten haben. Die Existenzgründung muss auf eine Vollexistenz ausgerichtet sein. Die Förderung setzt eine Coaching Empfehlung des Regionalpartners und eine Zusage der KfW voraus. Mit dem Coaching darf erst nach Erteilung der Zusage durch die KfW begonnen werden. Die eingesetzten Berater müssen in der KfW-Beraterbörse gelistet und für das Gründercoaching Deutschland zugelassen sein. Nicht gefördert werden Maßnahmen in der Vorgründungsphase sowie Beratungen, die überwiegend Rechts-, Versicherungs- und Steuerfragen zum Inhalt haben.

*Der Businessplan*

Art und Höhe der Förderung
Die Förderung erfolgt in Form eines Zuschusses. Die Höhe der Förderung beträgt in den neuen Bundesländern 75%, in den alten Bundesländern (einschließlich Berlin) 50% des Honorars bei einem maximalen Tagessatz von 800,00 Euro. Ein Tagewerk umfasst acht Stunden. Das insgesamt vertraglich zu vereinbarende Honorar darf die Bemessungsgrundlage von maximal 6.000,00 Euro nicht überschreiten. Existenzgründerinnen aus der Arbeitslosigkeit erhalten einen erhöhten Zuschuss von 90% des Honorars bei einer maximalen Bemessungsgrundlage von 4.000,00 Euro. Die Förderung kann innerhalb der laufenden Förderperiode (2007 bis 2013) bis zur Ausschöpfung der maximalen Bemessungsgrundlage von 6.000,00 Euro wiederholt beantragt werden.

Antragsverfahren und Geltungsdauer
Anträge sind vor Abschluss eines Coaching Vertrages über die von der KfW akkreditierten Regionalpartner an die KfW zu richten. Die Regionalpartner sind vom Erstgespräch bis zur Einreichung der Abrechnungsunterlagen die Ansprechpartner vor Ort. Die Richtlinien sind bis zum 31. Dezember 2013 befristet. Die Adresse finden Sie im Anhang.

Wichtige Hinweise
Seit dem 1. Oktober 2008 erhalten Existenzgründerinnen, die sich aus der Arbeitslosigkeit heraus selbständig machen, eine erhöhte Förderung von 90% des Honorars, maximal 3.600,00 Euro. Eine gleichzeitige Förderung der Beratungsmaßnahme aus anderen öffentlichen Förderprogrammen ist ausgeschlossen.

**6.1.5 KfW-Startgeld**
Die KfW bietet Existenzgründerinnen Finanzierungen von Investitionen und Betriebsmitteln in Deutschland zu günstigen Konditionen an. Gefördert werden alle Formen der Existenzgründung, einschließlich der Übernahme einer bestehenden Yogaschule und Erwerb einer Beteiligung innerhalb von drei Jahren nach Aufnahme der Geschäftstätigkeit.

Antragsberechtigte
Antragsberechtigt sind natürliche Personen mit Hauptwohnsitz im Inland, die ein Unternehmen beziehungsweise eine freiberufliche Existenz gründen.

*Der Businessplan*

Voraussetzungen
Existenzgründerinnen müssen über die erforderliche fachliche und kaufmännische Qualifikation für das Vorhaben und über eine ausreichende unternehmerische Entscheidungsfreiheit verfügen. Eine Gründung im Nebenerwerb muss mittelfristig auf den Vollerwerb ausgerichtet sein. Sanierungen sowie die Umschuldung beziehungsweise Nachfinanzierung bereits abgeschlossener Vorhaben werden nicht unterstützt.

Art und Höhe der Förderung
Die Förderung wird als Darlehen gewährt. Der Finanzierungsanteil beträgt bis zu 100% des Gesamtfremdfinanzierungsbedarfs. Der Darlehenshöchstbetrag beträgt maximal 50.000,00 Euro, davon können Sie maximal 20.000,00 Euro für Betriebsmittel einsetzen. Die Laufzeit beträgt maximal zehn Jahre, davon sind höchstens zwei Jahre tilgungsfrei. Der Zinssatz liegt zwischen 7% bis 9%.

Antragsverfahren
Anträge sind unter Verwendung der vorgesehenen Antragsformulare bei der jeweiligen Hausbank zu stellen. Diese leitet die Anträge weiter an die KfW Bankengruppe.

Das KfW-Startgeld kann zweimal je Antragsteller gewährt werden, sofern der Darlehenshöchstbetrag nicht überschritten wird.

## 6.1.6 Bürgschaften des Bundes und der Länder
Für die Besicherung von Krediten an Unternehmen mit tragfähigem Konzept, bei denen bankfähige Sicherheiten nicht im erforderlichen Maß zur Verfügung stehen, besteht ein Bürgschaftssystem. Dafür stehen in allen Bundesländern Bürgschaftsbanken beziehungsweise Kreditgarantiegemeinschaften bereit, um Investitions- und Betriebsmittelkredite abzusichern.

Voraussetzungen
Voraussetzungen sind insbesondere, dass das Vorhaben volkswirtschaftlich förderungswürdig, das Unternehmenskonzept wirtschaftlich tragfähig und eine anderweitige Finanzierung nicht möglich ist.

*Der Businessplan*

Art und Höhe der Förderung
Die Bürgschaften decken höchstens 80% – unter besonderen Voraussetzungen bis 90% – des Ausfallrisikos ab. Es wird von Ihnen erwartet, dass Sie sich angemessen mit Eigenkapital an der Finanzierung beteiligen.

Antragsverfahren
Anträge auf Bürgschaften der Bürgschaftsbanken sind in der Regel über die Hausbank zu stellen. Die Banken beziehungsweise Sparkassen arbeiten mit den Bürgschaftsbanken zusammen und haben Merkblätter und Antragsvordrucke vorrätig. Der Antragsvordruck kann auch unter www.vdb-info.de abgerufen werden. Viele Bürgschaftsbanken bieten auch die Möglichkeit an, Bürgschaften unterhalb bestimmter Höchstgrenzen direkt bei ihnen zu beantragen.

## 6.2 Checkliste vor der Gründung

- Überlegen Sie, ob eine Existenzgründung für Sie in Frage kommt.
- Besuchen Sie ein Existenzgründungsseminar oder lassen Sie sich von einer Unternehmensberaterin beraten.
- Machen Sie eine Marktanalyse in dem Umfeld, in dem Sie Ihren Gründungssitz planen.
- Holen Sie sich von Ihrer Arbeitsagentur folgende Antragsformulare:
  · Gründungszuschuss,
  · Coaching nach ESF (optional),
  · Eventuelle regionale Förderungen,
  · Freiwillige Arbeitslosenversicherung.
- Erstellen Sie:
  · Einen Kapitalbedarfsplan,
  · Eine Rentabilitätsvorschau und
  · Einen Investitionsplan.
- Wählen Sie die Rechtsform.
- Schreiben Sie Ihren Businessplan und lassen Sie sich dazu eine fachkundige Stellungnahme erstellen.
- Stellen Sie den Antrag auf Gründungszuschuss beziehungsweise Einstiegsgeld, wenn Sie sich aus der Arbeitslosigkeit selbstständig machen.
- Melden Sie Ihre freiberufliche Tätigkeit beim Finanzamt an.
- Wählen Sie den Standort Ihrer Yogaschule.

*Der Businessplan*

- Führen Sie Gespräche mit der Vermieterin und schließen Sie einen Mietvertrag ab.
- Prüfen Sie die Angebote der Kreditinstitute und die Förderprogramme des Bundes, der Bundesländer und der Europäischen Union.
- Führen Sie Kreditgespräche mit Ihrer Bank und kümmern Sie sich um die Finanzierung.
- Eröffnen Sie ein Geschäftskonto.
- Schließen Sie alle notwendigen Versicherungen ab:
  · Krankenversicherung (gesetzlich oder privat),
  · Rentenversicherung,
  · Pflegeversicherung,
  · Arbeitslosenversicherung,
  · Unfallversicherung,
  · Berufshaftpflichtversicherung,
  · Betriebshaftpflichtversicherung.
- Erstellen Sie Ihre „Allgemeine Geschäftsbedingungen" (AGB).
- Leiten Sie die notwendigen Werbemaßnahmen ein, wie: Firmenlogo, Briefpapier, Visitenkarten, Stempel, Flyer, Fahrzeugbeschriftung, Internetauftritt, Zeitungsannoncen, Fließtextanzeigen, Außenwerbung.

# 7. Nach der Gründung

## 7.1 Betriebseinnahmen

Als Betriebseinnahmen bezeichnet man alle Umsätze (Einnahmen), die in einem bestimmten Zeitraum anfallen. Es sind die Erlöse aus Ihren Yoga-Gruppen, den Yoga-Tagen, Wochenendseminaren, Fastenseminaren, Yoga-Einzelunterricht und aus der Untervermietung eines Raumes. Dieser Umsatz wird in der Einnahme-Überschussrechnung immer als Nettowert angegeben.

Liegt Ihr Umsatz im Kalenderjahr unter 17.500,00 Euro (netto), müssen Sie keine Umsatzsteuer an Ihr Finanzamt abführen. Sie können allerdings auch keine 19% Vorsteuer geltend machen. Liegt Ihr Umsatz über 17.500,00 Euro, müssen Sie aus diesem Betrag 3.325,00 Euro Umsatzsteuer (das entspricht 19%) an Ihr Finanzamt abführen. Sie können sich aber im Gegenzug bei allen Einkäufen 19% Vorsteuer von Ihrem Finanzamt zurückholen. Als Vorsteuer bezeichnet man übrigens die 19%ige Steuer die anfällt, wenn Sie Waren oder Dienstleistungen einkaufen.

## 7.2 Betriebsausgaben

### 7.2.1 Einleitung
Betriebsausgaben sind Aufwendungen, die durch den Betrieb veranlasst sind. Sie können nur im Zusammenhang mit Ihrer freiberuflichen Tätigkeit anfallen. Betriebsausgaben sind Kosten, die Ihren Gewinn reduzieren. Da das Wort Kosten bereits ein negatives Wort ist, gibt es keine Unkosten.

Die Aufwendungen müssen also mit dem Betrieb zusammenhängen. Im Gegensatz dazu stehen die Aufwendungen für die private Lebensführung. Da diese Aufwendungen grundsätzlich nicht abziehbar sind (§ 12 Nr. 1 EStG), können Ausgaben für Ernährung, Kleidung, Hobby und Wohnung in der Regel nicht abgezogen werden. Probleme treten auf, wenn sich der betriebliche und der private Bereich überschneiden. Häufigstes Beispiel dafür ist das private Kraftfahrzeug, das auch für betriebliche Zwecke genutzt wird oder das private Telefon, das ebenfalls für betriebliche Zwecke genutzt wird.

### 7.2.2 Nachweis der Betriebsausgaben

Sie müssen nachweisen, welche betrieblich veranlassten Ausgaben Sie getätigt haben. Sie müssen also jede Ihrer Ausgaben mit einem Beleg nachweisen können. Lässt sich bei einer Betriebsprüfung nicht zweifelsfrei feststellen, dass Betriebsausgaben vorliegen, kann das Finanzamt den steuerlichen Abzug versagen.

Das Finanzamt kann von Ihnen auch verlangen, dass Sie die Gläubigerin oder Empfängerin von Betriebsausgaben benennen. Kommen Sie diesem Verlangen nicht nach, kann die Berücksichtigung der geltend gemachten Betriebsausgaben abgelehnt werden (§ 160 AO).

Auf den folgenden Seiten habe ich Ihnen die steuerlich abzugsfähigen Betriebsausgaben aufgeführt, die für Sie relevant sein könnten. Aus Platzgründen habe ich im Businessplan beim „Vorläufigen Betriebsergebnis" nicht alle diese Kosten aufgeführt.

<u>Abschreibungen</u>
Wenn Sie Einrichtungsgegenstände wie Yogamatten, Sitzkissen, Meditationsbänke oder Decken für Ihre Yogaschule kaufen, die dauerhaft betrieblich genutzt werden sollen, dann dürfen Sie diese Anschaffungskosten – bis auf den Umsatzsteueranteil – steuerlich absetzen. Das Einkommensteuergesetz schreibt die gleichmäßige Verteilung dieser Kosten auf die Gesamtdauer der Verwendung vor. Dieser Vorgang heißt offiziell "Absetzung für Abnutzung" (AfA), die landläufige Bezeichnung ist "Abschreibung". Das normale Abschreibungsverfahren ist die rechnerische Gleichverteilung des Wertverlustes auf die einzelnen Jahre: Beispielsweise können Sie Ihren betrieblich genutzten PKW bei einer Nutzungsdauer von sechs Jahren pro Jahr ein Sechstel (oder rund 16,7%) der Anschaffungskosten abschreiben. Zu Beginn eines jeden Wirtschaftsjahres sinkt der verbliebene buchhalterische Restwert um diesen Betrag – am Ende des sechsten Jahres liegt der Buchwert bei null (oder dem symbolischen "Erinnerungswert" von 1,00 Euro). Basis für die rechnerische Aufteilung der Anschaffungskosten auf mehrere Jahre ist in jedem Fall die "betriebsgewöhnliche Nutzungsdauer des Wirtschaftsguts". Damit Betriebe und Finanzämter nicht jedes

*Nach der Gründung*

Mal neu über diesen Zeitraum streiten müssen, veröffentlicht das Bundesfinanzministerium in regelmäßigen Abständen aktualisierte "AfA-Tabellen."

Sie müssen zwischen geringwertigen Wirtschaftsgütern und Anlagegütern unterscheiden.

Als geringwertige Wirtschaftsgüter bezeichnet man betriebliche Anschaffungskosten, deren Wert unter 150,00 Euro (netto) liegen. Als Anlagegüter bezeichnet man betriebliche Anschaffungen, deren Wert über 150,00 Euro (netto) liegen.

Sie haben die Wahl: Entweder Sie schreiben Anschaffungen bis zu einem Nettowert von 150,00 Euro sofort ab, Anschaffungen zwischen 150,01 Euro und 1.000,00 Euro werden in einem Pool zusammengefasst, der über fünf Jahre mit jeweils 20 Prozent abgeschrieben wird. Oder sie schreiben künftig alle Einkäufe bis 410,00 Euro sofort ab und notieren alle Güter, deren Wert 150,00 Euro übersteigt, in einer separaten Auflistung.

Bei der Wahl der Abschreibungsmethode sind Sie frei. Sie können bei jedem Wirtschaftsgut neu entscheiden, welche Art der Abschreibung Sie nutzen wollen.

Arbeitszimmer
Für den Fall, dass Sie in Ihrer Wohnung ein Arbeitszimmer eingerichtet haben, können Sie die Kosten hierfür als Betriebsausgaben geltend machen. Das trifft für beide Unternehmenskonzepte zu, die Arbeit an Volkshochschulen und die Arbeit in Ihrer eigenen Yogaschule. Das Arbeitszimmer darf kein Durchgangszimmer sein. Es dürfen auch keine Betten oder Wohnzimmerschränke darin stehen. Es ist wirklich nur als Arbeitszimmer absetzbar. Nichts darf darauf hindeuten, dass es außerdem noch privat genutzt wird. Absetzbar sind die anteilige Grundmiete und die Nebenkosten. Bei Eigentumswohnungen sind es die Darlehenszinsen und die Nebenkosten. Zählen Sie diese Kosten zusammen und errechnen Sie den Quadratmeterpreis für das Arbeitszimmer. Diese Kostenaufstellung machen Sie einmal am Jahresende. Aufwendungen für ein häusliches Arbeitszimmer sind im § 4 Abs. 5 Nr. 6b EStG geregelt.

*Nach der Gründung*

Ausbildungskosten
Kosten für Ihre Aus- und Weiterbildung können Sie in voller Höhe als Betriebsausgaben absetzen. Hierzu zählt die Lehrgangsgebühr, die Kosten für Unterkunft und Verpflegung, sowie die Fahrtkosten (PKW, Flug, Bahn, Taxi). Für den Fall, dass Sie eine Weiterbildung in Indien machen, brauchen Sie unbedingt einen Nachweis der dortigen Ausbildungsstätte. Ihr Finanzamt wird Ihnen diese Reise sonst als private Urlaubsreise deklarieren.

Beitrag zur Berufsgenossenschaft
Yogalehrende sind in die Gefahrenklassen 0,59 mit dem Strukturschlüssel 0159 (Interessenvertretung und Religionsgemeinschaft) eingestuft. Je höher die Gefahrenklasse, umso mehr Beitrag zahlen Sie. Die Adresse der Verwaltungsberufsgenossenschaft Hamburg finden Sie im Anhang.

Es gibt zwei Formen der Mitgliedschaft:
Wenn Sie eine versicherungspflichtige Angestellte beschäftigen, müssen Sie diese Person bei der Berufsgenossenschaft anmelden. Die Verwaltungsberufsgenossenschaft in Hamburg ist Trägerin der gesetzlichen Unfallversicherung. Ihre Mitarbeiterin ist dann gegen Arbeitsunfälle und auf dem Weg zur Arbeit und zurück nach Hause versichert. Im Falle eines beruflichen Unfalls zahlt die VBG Kuren zur Wiederherstellung der Gesundheit, Reha-Maßnahmen, Rente, sowie Eingliederungshilfen. Im Todesfall bekommen die Hinterbliebenen Witwen- und Waisengeld. Der Mitgliedsbeitrag errechnet sich aus der Anzahl der geleisteten Arbeitsstunden und nach einem Gefahrenschlüssel, der in jeder Berufsgruppe unterschiedlich ist. Der Beitrag wird einmal im Jahr errechnet und muss im Folgejahr bis zum 15. Mai bezahlt sein.

Berufshaftpflichtversicherung
Diese Versicherung deckt die Schäden ab, die Sie unbeabsichtigt an Ihren Teilnehmerinnen verüben. Mehr darüber erfahren Sie auf Seite 51.

Betriebshaftpflichtversicherung
Die Betriebshaftpflichtversicherung deckt Schäden ab, die sich Teilnehmerinnen in Ihren Räumlichkeiten zuziehen. Der Jahresbeitrag beträgt ca. 200,00 Euro bis 250,00 Euro.

*Nach der Gründung*

Bewirtungskosten
Laden Sie Ihre Yoga-Gruppe in die nächste Kneipe ein? Lassen Sie sich einen maschinellen Bewirtungskostenbeleg ausdrucken. Tragen Sie die Namen der bewirteten Personen ein, den Ort, den Tag und den Anlass der Bewirtung. Vergessen Sie nicht, den Beleg zu unterschreiben. Sie können die Kosten als Betriebsausgaben verbuchen. Aufwendungen für die Bewirtung von Personen aus geschäftlichem Anlass sind zu 70% abzugsfähig (§ 4 Abs. 5 Nr. 2 EStG).

Briefmarken
Verwenden Sie für Ihre Post ausgewählte Briefmarken. Wenn Sie viel mit der Direktmarketingmethode arbeiten, können Sie sicher sein, dass Ihre Briefe auch geöffnet und gelesen werden. Die Wertschätzung einer Interessentin fängt schon bei der Auswahl der Briefmarke an.

Büromaterial
Hierzu zählen Briefpapier, Visitenkarten, Briefumschläge, Fotokopierpapier, Druckerpatronen, Kladden, Jahresplaner, Ordner, Kalender, Büroklammern, Stempel und Stempelkissen, Radiergummis, Bleistifte, Füller, Tinte, Speichermedien, Taschenrechner und alles, was Sie zur Durchführung Ihrer Arbeit im Büro brauchen. Viele Dinge werden Sie im Großhandel bekommen und per Lastschriftverfahren von Ihrem Konto abbuchen lassen. Einige Gegenstände werden Sie bar bezahlen. Diese Ausgaben tragen Sie bitte in Ihr Kassenbuch ein (weitere Informationen zum Kassenbuch finden Sie in Kapitel 7.5). Der Beleg wird nummeriert und kommt in Ihren Kassenordner.

Darlehenszinsen
Wenn Sie für die Finanzierung Ihrer Yogaschule ein Darlehen aufnehmen müssen, können Sie die Zinsen als Betriebsausgaben geltend machen. Es gibt eine Reihe von Darlehen, die Existenzgründerinnen mit tilgungsfreien Zeiten und günstigen Zinsen zur Verfügung gestellt werden. Manche Bundesländer legen Sonderprogramme auf, in anderen Regionen gibt es spezielle Förderprogramme. Recherchieren Sie im Internet und erkundigen Sie sich bei Ihrer Hausbank, oder bei Ihrer Industrie- und Handelskammer.

Dekorationsmaterial
Ich gehe davon aus, dass Sie es in Ihrer Yogaschule schön haben wollen. Für dieses besondere Ambiente benötigen Sie frische Blumen, Kerzen, Duftöle oder

*Nach der Gründung*

Räucherstäbchen. Diese Kosten sind wahrscheinlich Barausgaben und gehören in Ihr Kassenbuch auf die Ausgabenseite. Vergessen Sie bitte nicht, den Beleg zu nummerieren. Dekorationsmaterial können Sie auch von der Steuer absetzen, wenn Sie für eine Institution oder eine VHS tätig sind.

Fachliteratur
Unter diesem Posten laufen Yogabücher, Entspannungs- und Meditations-CDs, die Kosten für Aus- und Weiterbildungsliteratur, sowie die Kosten für dieses Buch, das Sie gerade lesen. Versehen Sie den Beleg mit einer Nummer und tragen Sie ihn auf der Ausgabenseite in Ihr Kassenbuch ein. Die Kosten sind abzugsfähig.

Fahrtkosten
Für jeden Kilometer, den Sie mit Ihrem eigenen PKW unterwegs sind, können Sie 0,30 Euro steuerlich absetzen. Auch der Weg von Ihrer Wohnung zur Yogaschule und zurück können Sie als Betriebsausgabe steuerlich geltend machen. Zu diesem Zweck führen Sie ein Fahrtenbuch. Tragen Sie für jede Fahrt den Tag, den Ort und den Anlass Ihrer Fahrt ein. Wenn Sie mehr als die Hälfte der gefahrenen Kilometer mit Ihrem privaten PKW unterwegs sind, ist das Fahrzeug betrieblich. Sie können dann die Anschaffungskosten, die Abschreibung (Wertminderung), die Reparaturkosten, die Kraftfahrzeugsteuer, die PKW-Versicherung und das Benzin von der Steuer absetzen. Auch die im Anschaffungspreis enthaltene Vorsteuer holen Sie sich vom Finanzamt zurück. Sie dürfen in diesem Fall aber nicht von der Kleinunternehmerregelung Gebrauch gemacht haben. Jetzt müssen Sie im Gegenzug alle privaten Fahrten, die Sie mit dem betrieblichen PKW machen, in einem Fahrtenbuch eintragen und am Jahresende rausrechnen. Wenn Sie mit dem Fahrrad von Ihrer Wohnung zur Yogaschule unterwegs sind, können Sie immerhin noch 0,05 Euro steuerlich geltend machen. Aufwendungen für Fahrten des Steuerpflichtigen zwischen seiner Wohnung und der Betriebsstätte sind im § 4 Abs. 5a EStG (bis 2006: § 4 Abs. 5 Nr. 6 EStG) geregelt.

Beratungskosten
Hierzu zählen die betrieblich bedingten Ausgaben für eine Rechtsberatung durch Ihre Anwältin und die Beratungskosten einer Unternehmensberaterin.

*Nach der Gründung*

Beiträge zur Gebühreneinzugszentrale (GEZ)
Obwohl Sie als Privatperson für Ihren Fernseher und Ihr Radio Beiträge an die Gebühreneinzugszentrale zahlen, sind Sie als Freiberuflerin verpflichtet, noch einmal einen Beitrag für den Radioempfang zu entrichten. Warum? Weil Sie ein Kraftfahrzeug mit Autoradio fahren, das auf Ihren Namen zugelassen ist! Sie können natürlich Ihr Autoradio ausbauen oder das Fahrzeug auf den Namen Ihres Partners oder Ihrer Partnerin zulassen, aber wenn Sie in Ihrer Yogaschule einen CD-Player mit Rundfunkempfang haben, wird man Sie trotzdem zur Kasse bitten. Denken Sie daran: Nicht nur Ihre zukünftigen Kursteilnehmerinnen lesen Ihre Werbeanzeigen in der Zeitung.

GEMA
Die GEMA ist die „Gesellschaft für musikalische Aufführungs- und mechanische Vervielfältigungsrechte". Sie verwaltet als staatlich anerkannte Treuhänderin die Rechte der Komponisten, Textdichterinnen und Musikerinnen. Wenn diese Musik öffentlich gespielt wird, sind GEMA-Gebühren fällig. Wenn zwei oder mehr Menschen zusammenkommen, die nicht verwandt oder befreundet sind, und Musik hören, ist das öffentlich. Wenn Sie also in Ihrer Yogaschule einen CD-Player haben und für Ihre Teilnehmerinnen Entspannungsmusik abspielen, müssen Sie Beiträge zur GEMA zahlen. In diesem Falle gehen 3,75% plus 7% Mehrwertsteuer Ihrer Kurseinnahmen an die GEMA (Quelle: Deutsches Yoga-Forum 2/08). Überlegen Sie, ob Sie auf Musik verzichten können.

Gehalt
Auf diesem Konto werden die Kosten verbucht, die entstehen, wenn Sie eine versicherungspflichtige Angestellte beschäftigen. Schließen Sie bitte mit Ihrer Angestellten einen Arbeitsvertrag ab. Melden Sie die Beschäftigte mit Ihrer Betriebsnummer bei ihrer Krankenkasse an. Den Vorgang habe ich unter der nachfolgenden Rubrik „Geringfügig Beschäftigte" beschrieben. Der Sozialversicherungsträger ist hier nicht die Minijobzentrale, sondern die Krankenkasse, bei der die Beschäftigte versichert ist.

Geringfügig Beschäftigte
Beschäftigen Sie eine Raumpflegerin? Oder eine Bürokraft, die weniger als 400,00 Euro im Monat verdient? Sie müssen die „Geringfügig Beschäftigte" bei der Minijob Zentrale anmelden. Die Adresse finden Sie im Anhang.

Betriebsnummer
Wenn Sie erstmalig eine Arbeitnehmerin beschäftigen, benötigen Sie für die Anmeldung zur Sozialversicherung und die Beitragszahlung eine Betriebsnummer. Die Betriebsnummer wird vom Betriebsnummern-Service der Bundesagentur für Arbeit in Saarbrücken vergeben. Nach drei Werktagen ist Ihre Betriebsnummer allen Sozialversicherungsträgern bekannt. Die Adresse des Betriebsnummern-Service finden Sie ebenfalls im Anhang.

Meldung zur Sozialversicherung
Für die Meldung zur Sozialversicherung müssen Sie als Arbeitgeberin feststellen, ob eine versicherungsfreie geringfügige Beschäftigung (Minijob) oder eine versicherungspflichtige Beschäftigung vorliegt. Den Personalfragebogen können Sie im Internet unter www.minijob-zentrale.de herunterladen. Der Personalfragebogen ist ein Leitfaden, mit dessen Hilfe bestimmte Angaben der Arbeitnehmerin abgefragt werden. Diese Angaben werden für die sozialversicherungsrechtliche Beurteilung des Beschäftigungsverhältnisses benötigt.

Mit der Meldung zur Sozialversicherung übermitteln Sie bestimmte Angaben zur beschäftigten Person und zur Beschäftigung an den zuständigen Sozialversicherungsträger. Die Angaben zur Person sollten aus den amtlichen Dokumenten der Beschäftigten entnommen werden, wie zum Beispiel die Sozialversicherungsnummer aus dem Sozialversicherungsausweis. Hat die Beschäftigte noch keine Sozialversicherungsnummer, weil sie beispielsweise noch nie beschäftigt war, sind weitere Angaben zu ihrer Person nötig (Geburtsort, Geburtsname und Geburtsdatum). Handelt es sich nicht um einen Minijob, müssen die Meldungen zur Sozialversicherung und die Beitragszahlungen nicht mit der Minijob-Zentrale sondern mit der Krankenversicherung der Arbeitnehmerin abgewickelt werden. Die Meldungen zur Sozialversicherung müssen durch elektronische Datenübertragung übermittelt werden. Eine Möglichkeit zur elektronischen Übertragung der Daten bietet die kostenlose Software „sv.net". Diese beinhaltet die Meldung zur Sozialversicherung und ist ebenso für die Abwicklung der Beitragsnachweise geeignet.

Beitragszahlung
Mit dem Beitragsnachweis teilen Sie die Summe der Abgaben mit, die Sie für die Angestellte für einen Monat zahlen werden. Die Summe der Abgaben setzt sich dabei aus den Beiträgen zur Kranken- und Rentenversicherung sowie den

*Nach der Gründung*

übrigen pauschalen Abgaben zur Lohnsteuer, Arbeitgeberversicherung und Insolvenzgeldumlage zusammen. Im Beitragsnachweis werden die Abgaben nicht Personengebunden, sondern als Gesamtbetrag erfasst. Im Beitragsnachweis ist auch Ihre Steuernummer anzugeben, wenn der Beitragsnachweis die Pauschalsteuer für geringfügig Beschäftigte enthält. Für eine möglichst einfache Berechnung der Beiträge und Abgaben stellt die Minijob-Zentrale einen Minijob-Beitragsrechner zur Verfügung. Die Adresse der Minijobzentrale finden Sie im Anhang.

Höhe der Sozialabgaben
Die Sozialabgaben für Geringfügig Beschäftigte liegen bei ca. 30%. Diese Abgaben müssen von Ihnen getragen und an die Minijob–Zentrale abgeführt werden.

**Tipp!**
Schließen Sie mit jeder Geringfügig Beschäftigten Person unbedingt einen Vertrag ab. Das Formular bekommen Sie in jedem Schreibwarengeschäft.

Geschäftsversicherung
Mehr darüber erfahren Sie im Kapitel 5.3 Versicherungen.

Geschenke
Sie können Geschenke bis zu einem Wert von 35,00 Euro als Betriebsausgaben geltend machen. Ein Beispiel: Eine Frau aus Ihrem Kurs „Yoga für Schwangere" hat ihr Baby bekommen. Sie besuchen die Teilnehmerin im Krankenhaus und bringen ihr eine Kleinigkeit mit. Denken Sie daran die Rechnung aufzuheben und in Ihr Kassenbuch als Barausgabe einzutragen. Auf die Rückseite der Rechnung tragen Sie bitte den Namen und die Adresse der Schülerin ein. Darunter den Anlass für das Geschenk. Wenn Sie viele Jahre danach eine Betriebsprüfung bekommen, können Sie genau nachvollziehen, aus welchem Anlass Sie dieses Geschenk gemacht haben.

Hygieneartikel und Reinigungsmaterial
Hierzu zählen Toilettenpapier, Hygieneartikel und Reinigungsmaterial.

*Nach der Gründung*

Internetkosten
Die Kosten für die Erstellung Ihrer Webseite, die jährlichen Kosten für Ihre Domain und die Miete für den Speicherplatz, den Ihnen Ihr Provider zur Verfügung stellt, können Sie in voller Höhe absetzen.

Mietnebenkosten
Zu Ihnen zählen der Stromverbrauch, die Heizung und das Frischwasser. Außerdem die Gebühren für Abwasser, Hausversicherung, Treppenhausbeleuchtung, die anteiligen Kosten für die Verwalterin und die Kosten für die Treppenhausreinigung. Auch hier gilt: Versuchen Sie zu handeln. Wenn Sie Ihre Schule im Erdgeschoss eines Bürogebäudes betreiben macht es wenig Sinn, für die Wartung und Reparaturkosten des Fahrstuhls herangezogen zu werden. Die Vermieterin wird wahrscheinlich anders argumentieren, aber versuchen Sie es trotzdem.

Mitgliedsbeitrag Berufsverband
Mitgliedsbeiträge eines Berufsverbandes können Sie als Betriebsausgaben in voller Höhe absetzen.

Nebenkosten Geldverkehr
Hierzu zählen die Kontoführungsgebühren Ihres Geschäftskontos, die Kosten für die Lastschrifteinzüge Ihrer monatlichen Kursgebühren und die Kosten für Ihren Dispositionskredit. Versuchen Sie durch Umbuchungen Ihr privates Konto immer im Plus zu halten. Die Zinsen für das Geschäftskonto können sie steuerlich als Betriebsausgaben geltend machen.

Raummiete
Die Miete für Ihren Yoga Raum wird der größte Posten sein. Am Anfang Ihrer Selbstständigkeit steht außerdem eine Kaution, die Sie der Vermieterin als Sicherheit zahlen müssen. Sie beträgt bis zu drei Monatsmieten. Die Kaution können Sie nicht als Betriebsausgaben absetzen. Sie zählt zu den Bestandskonten. Versuchen Sie, die Raummiete herunterzuhandeln oder eine Staffelmiete zu vereinbaren. Am Anfang werden Sie noch nicht so viele Teilnehmerinnen haben. Eine geringere Mietbelastung wird Ihnen da sehr entgegen kommen.

*Nach der Gründung*

Sozialabgaben
Ganz gleich, ob Sie eine Geringfügig Beschäftigte, oder eine versicherungspflichtige Angestellte beschäftigen, die Kosten für die Sozialabgaben sind auf Ihrem Geschäftskonto zu erfassen. Sie können als Betriebsausgaben in voller Höhe abgesetzt werden. Die Beträge werden entweder an die Minijobzentrale oder an die Krankenkasse des versicherungspflichtigen Beschäftigten gemeldet und einmal im Monat eingezogen.

**Tipp!**
Nehmen Sie am Lastschriftverfahren teil. Wenn Ihre Angestellten jeden Monat einen festen Betrag von Ihnen bekommen, können Sie bei der Sozialversicherungsmeldung das Kästchen „Dauerbeitragsnachweis" ankreuzen. Der jeweilige Sozialversicherungsträger bucht dann diesen Betrag fortlaufend jeden Monat von Ihrem Konto ab. Das spart Ihnen Zeit.

Spenden
Wenn Sie eine Spende zum Beispiel an einen gemeinnützigen Verein machen, können Sie diesen Betrag als Betriebsausgabe geltend machen. Sie brauchen dafür eine Spendenbescheinigung, die auf den Namen Ihrer Yogaschule ausgestellt ist. Damit Sie die Abzugsfähigkeit Ihrer Spende sicherstellen können, veröffentlicht das Bundesministerium für Finanzen auf seiner Homepage eine Liste der spendenbegünstigten Organisationen.

Steuerberatungskosten
Die Kosten für die monatlichen Buchführungsarbeiten können Sie als Betriebsausgaben geltend machen. Die Jahresabschlussarbeiten für Ihre Yogaschule ebenfalls. Die Rechnung für Ihre Einkommensteuererklärung ist privat. Sie ist keine Betriebsausgabe. Meistens berechnet Ihre Steuerberaterin die monatlichen Buchführungsarbeiten nach der Anzahl der Buchungen, die sie tätigt. Die Höhe der Kosten für den Jahresabschluss richtet sich nach Ihrem Jahresumsatz. Eine gute Steuerberaterin nimmt Ihnen viel Arbeit ab. Sie ist mit ihrem Wissen immer auf dem aktuellen Stand und verpasst keine Abgabetermine. Sie hilft Ihnen Geld zu sparen.

Telefonkosten
Wahrscheinlich haben Sie eine Festnetznummer mit Flatrate und ein Handy, damit Sie mobil erreichbar sind. Das Handy können Sie ausschließlich betrieblich

*Nach der Gründung*

nutzen. Die Rechnung ist an Ihre Yogaschule adressiert, die monatlichen Gebühren werden von Ihrem Geschäftskonto abgebucht. Die Festnetznummer wäre in diesem Beispiel teils privat, teils betrieblich. Sie können bei Ihrem Telefonanbieter einen Einzelverbindungsnachweis beantragen. Anhand dieser Aufstellung lassen sich die privaten Anrufe von den betrieblichen Anrufen trennen. Prozentual können Sie dann den Betrag errechnen, den Sie für die Grundgebühr betrieblich verbrauchen. Die Rufweiterleitung von Ihrer Festnetznummer auf Ihr Handy ist ausschließlich betrieblich.

Verpflegungspauschalen
Wenn Sie sich in der Yogalehrerinnenausbildung befinden oder zu anderen beruflichen Veranstaltungen unterwegs sind, können Sie Verpflegungspauschalen absetzen. Die Vordrucke hierfür bekommen Sie im Schreibwarenladen. Bei Dienstreisen im Inland können Sie für jeden Kalendertag folgenden Pauschalbetrag geltend machen:

| | |
|---|---|
| 24 Stunden | 24,00 Euro |
| 14 Stunden bis 24 Stunden | 12,00 Euro |
| 8 Stunden bis 14 Stunden | 6,00 Euro. |

Wenn Sie nach Indien reisen, können Sie pro Tag eine Verpflegungspauschale von 29,00 Euro geltend machen. Für andere Länder gelten andere Beträge. Mehraufwendungen für Verpflegung bei Geschäftsreisen sind unabhängig von den tatsächlichen Kosten mit den Pauschalen zu bewerten (§ 4 Abs. 5 Nr. 5 EStG). Die Abrechnungen reichen Sie am Jahresende bei Ihrem Finanzamt ein.

Werbung
5% bis maximal 10% Ihres geplanten Umsatzes sollten Sie für Werbung ausgeben. Hierzu zählen Flyer, gerahmte Anzeigen, PR-Anzeigen und Fließtextanzeigen. Auch wenn Sie Kugelschreiber mit Ihrem Namen und Ihrer Telefon-Nummer bedrucken lassen, sind das Werbeausgaben. Sie können diese Ausgaben steuerlich absetzen. Briefpapier und Visitenkarten fallen nicht unter die Kostenart Werbung, sondern laufen unter Büromaterial. Auch der Werbeaufsteller vor Ihrer Schule und die Leuchtreklame im Fenster zählen nicht zur Werbung. Es sind Anlagegüter, die auf mehrere Jahre abgeschrieben werden. Mehr darüber erfahren Sie in der Rubrik „Abschreibungen."

*Nach der Gründung*

## 7.2 Organisatorisches

Rechnungen schreiben
Das Schreiben von Rechnungen sollte in Ihrem Tagesablauf absolute Priorität haben. Wenn sich eine Teilnehmerin für einen Yoga Kurs im Blocksystem anmeldet, müssen Sie noch am gleichen Tag eine Anmeldebestätigung mit Rechnung an sie rausschicken. Das Formular finden Sie in Kapitel 14.1.1. Sorgen Sie dafür, dass Ihre Teilnehmerinnen pünktlich zahlen. Überprüfen Sie die Zahlungseingänge jeden Tag. Sie haben Online direkten Zugang zu Ihrem Bankkonto. Haken Sie telefonisch nach, wenn das Geld nach einer gewissen Zeit noch nicht da ist. Machen Sie weiterhin Werbung für Ihren Yoga Kurs. Teilnehmerinnen, die sich angemeldet haben und nicht zahlen, werden wahrscheinlich auch nicht zu Ihrem Kurs kommen. Denken Sie daran: Der Platz ist erst bei vollständiger Zahlung der Kursgebühr belegt. Wenn Sie die Teilnehmerinnen auffordern, die Kursgebühr am ersten Abend mitzubringen, wird das die Hälfte vergessen haben. Am zweiten Kursabend hat die Teilnehmerin Silberhochzeit, am dritten ist sie krank. Am vierten Abend gibt sie Ihnen dann das Geld für sieben Unterrichtsabende (statt zehn). Sie argumentiert: „Die erste Stunde war ja kostenlos, die anderen beiden habe ich gefehlt, also zahle ich statt zehn Abende nur sieben Abende". So etwas habe ich erlebt. Sie können das in Ihren „Allgemeinen Geschäftsbedingungen" von vornherein ausschließen. Bleiben Sie in Geldangelegenheiten absolut konsequent!

Sichten Sie Ihre E-Mails
Ich gehe davon aus, dass Sie über einen Internetanschluss verfügen und eine eigene Webseite haben. Die Daten auf Ihrer Webseite müssen Sie regelmäßig aktualisieren und pflegen. Weisen Sie Ihren Webmaster an, dass er Ihnen den Zugang zur Datenpflege mittels eines Web-Administrators ermöglicht. Sie haben dann jederzeit Zugriff auf die Daten und können diese ändern. Dreimal am Tag sollten Sie Ihre Emails sichten. Das erste Mal gleich nach Ihrer Yogastunde nach dem Frühstück. Das zweite Mal nach dem Mittagessen und das dritte Mal bevor Sie in Ihre Yogakurse gehen. Gewöhnen Sie sich an, Ihre Emails sofort zu beantworten. Viele Anfragen und Anmeldungen kommen heute über das Internet. Manche Teilnehmerinnen schicken im Laufe des Tages eine Nachricht: „Ich kann heute leider nicht zum Yoga kommen, bin krank." Schicken Sie dann einen lieben Gruß zurück.

*Nach der Gründung*

Beantworten Sie Ihre Briefe
Lassen Sie Ihre Briefe nicht ungeöffnet liegen. Manchmal sind Anfragen von Krankenkassen dabei, die Rückfragen zu Ihrer Teilnahmebescheinigung für den letzten Yoga Kurs haben. Beantworten Sie solche Briefe innerhalb von zwei Tagen. Anfragen nach Ihrem Yoga-Programm versenden Sie am gleichen Tag. Vergessen Sie nicht, einen Anmeldeschein beizufügen.

Hören Sie Ihren Anrufbeantworter ab
Wenn Sie eine Nachricht auf dem Anrufbeantworter haben, erwartet die Anruferin innerhalb weniger Stunden einen Rückruf. Melden Sie sich bitte bei der nächstmöglichen Gelegenheit. Es macht keinen guten Eindruck, wenn die Anruferin zu lange warten muss.

Neue Teilnehmerinnen akquirieren
Wenn Sie mit der Zielgruppe „Betriebe und Behörden" arbeiten, werden Sie sehr viel Zeit darauf verwenden, neue Kunden zu akquirieren. Können Sie es aushalten, von 100 Anrufen 99 „Neins" zu bekommen? Gerade am Anfang wird es schwer sein, mit diesem Unternehmenskonzept in den Markt zu gehen. In Ihrer Yogaschule sieht das etwas anders aus. Sie haben Fließtextanzeigen geschaltet und bekommen jetzt telefonische Anfragen. Wenn Sie auf der anderen Telefonleitung mit Ihrer Freundin sprechen, gehen Ihnen diese Anrufe verloren. Aus den vorangegangenen Werbeaktionen haben Sie 100 Adressen mit Telefon-Nummern in Ihrer Datenbank gesammelt. Rufen Sie diese Menschen an und sagen Sie Ihnen, dass ein neuer Yoga Kurs beginnt. Fragen Sie auch, ob Sie weiterhin über Ihr aktuelles Angebot informieren dürfen. Wenn nicht, löschen Sie die Adresse.

Ich habe in den letzten Jahren gute Erfolge mit der Direktmarketing-Methode gemacht. Ein Werbebrief für einen Yoga-Anfängerinnenkurs mit dem Schwerpunkt Rückenprobleme an 200 Adressen aus der Datenbank verschickt, brachte im besten Fall einen Rücklauf von 8 %, das heißt 16 Menschen reagierten auf diesen Brief. Manche auch mit dem Vermerk auf dem Antwortschein: „Ich habe kein Interesse mehr an Ihrem Angebot. Bitte aus dem Verteiler streichen." Auch das ist eine Rückmeldung. Sie sollten auf dem Antwortschein immer ein Feld zum Ankreuzen haben das auf die Möglichkeit hinweist, aus dem Verteiler gestrichen zu werden.

*Nach der Gründung*

Die Konkurrenz beobachten
Schauen Sie sich in regelmäßigen Abständen die Internetauftritte Ihrer Mitbewerberinnen vor Ort an. Welches Angebot wird dort offeriert? Wie ist die Preisgestaltung. Liegen Sie bei gleicher Qualität unter deren Preis? Bietet Ihre Konkurrenz etwas an, was sie sich bei Ihnen abgekupfert hat? Ist hier vielleicht ein klärendes Gespräch fällig? Können Sie selbst vom Angebot der Mitbewerberin profitieren? Gibt es Nischen, in denen Sie sich ausbreiten können? Wo werden Yogalehrerinnen gesucht? Zieht eine Yogalehrerin weg und bittet Sie, ihre Kurse zu übernehmen? Bleiben Sie immer im Kontakt mit den Wettbewerberinnen, Sie werden so eine Fülle an Informationen bekommen.

## 7.3 Kursorganisation

Wenn Sie eine eigene Yogaschule haben, dürfen Sie nicht mehr für die Volkshochschule im eigenen Ort tätig sein. Sie machen sich selbst Konkurrenz. Auch die Überlegung, in der VHS nur die Anfängerinnenkurse anzubieten und die Fortgeschrittenenkurse in Ihrer Schule zu machen, funktioniert nicht. Denken Sie bitte daran, die Räume in Ihrer Schule kosten Geld. Auch wenn Sie woanders arbeiten, werden Ihre Fixkosten weiterlaufen. Ihre eigenen Räume leer stehen zu lassen und woanders zu arbeiten, macht jetzt keinen Sinn mehr. Sie legen dann bares Geld drauf. Der finanzielle Abstieg ist in so einer Konstellation nur noch eine Frage der Zeit. Sie sollten sich ab sofort ausschließlich um die Organisation Ihrer eigenen Kurse in Ihren eigenen Räumen kümmern. Natürlich dürfen Sie die Teilnehmerinnen Ihrer Volkshochschulkurse davon unterrichten, dass Sie bald Ihre eigenen Räume haben werden. Hüten sie sich aber davor, diese Menschen in Ihre privaten Kurse abzuwerben. Wenn sie Interesse an Ihrem privaten Angebot haben, werden sie von alleine kommen. Ich freue mich für Sie, wenn einige Teilnehmerinnen Ihnen folgen werden, aber hegen Sie diesbezüglich keine großen Erwartungen.

Bestehen Sie darauf, dass die Teilnehmerinnen sich verbindlich anmelden. Versenden Sie eine Anmeldebestätigung mit der Bitte, die Kursgebühr in den nächsten Tagen auf Ihr Konto zu überweisen. Erst dann ist der Platz belegt. Solange das Geld nicht da ist, ist der Platz frei und Sie füllen die Gruppe weiter auf. Eine Anmeldebestätigung finden Sie im Anhang. Sagen Sie den Menschen zu, dass Sie nach der ersten Stunde aussteigen können, falls sie nicht zusammen

*Nach der Gründung*

passen. Versichern Sie, dass Sie die Kursgebühr für die restlichen Stunden anteilig zurückzahlen. Auch dieses Schreiben habe ich im Anhang beigefügt.

Vielleicht haben Sie ja bereits Teilnehmerinnen, die mit in Ihre neue Schule umziehen. Eine meiner Coache hatte sich in verschiedenen Orten unterschiedliche Räume gemietet und sich dort private Yogakurse aufgebaut. Eine Andere arbeitete mehrere Jahre für verschiedene Organisationen bis Sie sich entschloss, eigene Räume anzumieten und den Unterricht nur noch an einer Stelle zu geben. In beiden Fällen mussten sie nicht bei null anfangen, sondern hatten schon ein gewisses Potential an Schülerinnen. Ich habe ihr geraten, Jahresverträge mit den Teilnehmerinnen abzuschließen und die Kursgebühr jeden Monat per Bankeinzug einzuziehen. Nur wenige ihrer Schülerinnen hatten sich dagegen gesträubt. Auch die vorher angekündigte Preiserhöhung wurde von allen akzeptiert. Es lag ja ein ersichtlicher Grund vor: Die neuen Räume kosteten Geld. Aber die Teilnehmerinnen fühlten sich wohl und waren bereit, für dieses „Besondere" auch zu zahlen.

Wenn Sie Teilnehmerinnen aus anderen Kursen mitbringen, können Sie mit diesen Gruppen sofort starten. Die freien Plätze füllen Sie mit den Teilnehmerinnen aus Ihren zukünftigen Anfängerinnengruppen auf. Bieten Sie am Anfang immer wieder geschlossene Anfängerinnenkurse im 10er Block mit einem festen Preis an. Weisen Sie in der 4. oder 5. Stunde darauf hin, was die Teilnehmerinnen in den Fortgeschrittenen-Kursen erwartet. Wenn eine Anfängerin eine Fehlstunde hat, bieten Sie ihr an, diese Fehlstunde in einer Fortgeschrittenen-Gruppe nachzuholen. Stellen Sie die Anfängerin in der neuen Gruppe mit Namen vor. Fragen Sie sie am Ende der Stunde, ob sie nicht Lust hat, in dieser Gruppe zu bleiben. Vergessen Sie nicht, mit ihr einen Unterrichtsvertrag abzuschließen. Verhindern Sie, dass in den Fortgeschrittenen-Kursen Menschen auftauchen, die kostenlos schnuppern wollen. Bieten Sie den Menschen in Ihren Fortgeschrittenen-Gruppen einen geschützten Raum. Lassen Sie nicht zu, dass dieser Raum gestört wird. Die Menschen werden über viele Jahre bei Ihnen bleiben. Aus eigener Erfahrung weiß ich, dass Sie etwa fünf Anfängerinnenkurse machen müssen, bis daraus eine Fortgeschrittenen-Gruppe entsteht. Nehmen Sie am Anfang also in Ihr Angebot viele Anfängerinnenkurse auf.

Für alle die schnuppern wollen: Bieten Sie „Yoga-Schnupperkurse" an. Diese laufen über einen Zeitraum von beispielsweise vier Abenden. Aber schreiben

*Nach der Gründung*

Sie unbedingt dazu, dass diese Schnupperkurse etwas kosten, zum Beispiel 40,00 Euro.

Eine gute Möglichkeit, mit Ihren zukünftigen Teilnehmerinnen in Kontakt zu kommen sind „Yoga Tage." Der Yoga Tag liegt zum Beispiel auf einem Samstag oder einem Sonntag. Sie üben vormittags von 10 bis 12 Uhr und nachmittags von 14 bis 16 Uhr. Im Preis von 80,00 Euro sind ein kleiner Imbiss und Getränke enthalten. Mit diesem Angebot erreichen Sie auch Menschen, die nicht an einem wöchentlichen Yoga Kurs teilnehmen können. Die Yoga Tage können immer unter verschiedenen Themen stehen oder unterschiedliche Zielgruppen ansprechen. Zum Beispiel „Yoga Tag für Anfängerinnen," „Yoga Tag für Fortgeschrittene," „Yoga Tag mit dem Schwerpunkt Entspannung" und „Yoga Tag mit dem Schwerpunkt Rückenbeschwerden." Durch dieses Angebot kommen Sie an neue Kursinteressentinnen und machen gleichzeitig ein zusätzliches Angebot für Menschen, die bereits in Ihren Kursen sind. Zehn Yoga Tage im Jahr sind leicht zu verkraften.

Um neue Teilnehmerinnen in Ihre Kurse zu bekommen, können Sie Selbsthilfegruppen, Frauenvereinigungen und andere Vereine in Ihre Räumlichkeiten einladen. In Form eines Vortrages mit anschließender Diskussion lernen die Menschen Sie und Ihre Räume kennen. Zeitgleich haben Sie natürlich einen passenden Anfängerinnenkurs, der in der darauf folgenden Woche beginnt. Vergessen Sie nicht, am Ende des Abends die Anmeldekarten auszuteilen. Denken Sie auch an Zielgruppen, um die sich Ihre Kolleginnen nicht kümmern. Ich hatte vormittags häufig Schulklassen zu Besuch. Daraus entstand Kontakt zu den Lehrerinnen und zu den Eltern, die sich dann für meinen Yoga-Unterricht anmeldeten.

Eine gute Möglichkeit, Ihren Stammschülerinnen etwas Besonderes zu bieten sind Wochenendseminare, entweder bei Ihnen in der Yogaschule oder in einem Seminarhaus mit Unterkunft und Verpflegung. Das sind sehr intensive Kurseinheiten. Die Teilnehmerinnen aus den unterschiedlichen Yogakursen lernen sich kennen. Diese Wochenenden haben eine sehr hohe soziale Komponente. Wenn Sie das toppen wollen, können Sie in den Ferien ein Ferienseminar anbieten. Damit haben Sie eine gute Einnahmequelle in den Sommermonaten.

Am Anfang meiner beruflichen Tätigkeit bot ich regelmäßig in den Osterferien

*Nach der Gründung*

und in den Herbstferien Fastenseminare in Verbindung mit Yoga an. Die Teilnehmerinnen aus den Fastenseminaren lernten dort Yoga kennen. Fast alle meldeten sich im Anschluss in meine Yoga-Gruppen an. Die Ferienseminare baute ich aus. Heute reisen wir in den Osterferien mit unseren Schülerinnen und unseren angehenden Yogalehrerinnen nach Rishikesh, Indien. Dort sind wir drei Wochen lang in einem indischen Ashram untergebracht. Den Yoga-Unterricht geben wir selbst, die Vorträge werden von indischen Lehrern gehalten. Wir sind direkt an der Quelle des Yoga und haben jederzeit Zugang zu spirituellem Wissen. Eine Wanderreise in den indischen Himalaya gehört ebenfalls zum Programm. Die Reise ist zwar hochpreisig, wird aber jedes Jahr mit Begeisterung angenommen. Die Werbung hierfür läuft größtenteils über Mund-zu-Ohr-Propaganda.

**Tipp!**
Machen Sie für das folgende Jahr einen Kurs Plan. Legen Sie die Uhrzeiten und die Wochentage fest, an denen Sie Anfängerinnen- und Fortgeschrittenen-Gruppen unterrichten wollen. Planen Sie die Yoga Tage, das Ferienseminar und alle weiteren Veranstaltungen. Schreiben Sie sich auch auf, wie viele Teilnehmerinnen in jeder Gruppe sein sollen. Multiplizieren Sie die Anzahl der Teilnehmerinnen mit der Kursgebühr der jeweiligen Veranstaltung. Von Ihrem so errechneten Jahresumsatz errechnen Sie den Werbeetat (5 % bis max. 10 % vom Umsatz). Versuchen Sie dann, diese Zahlen auch zu erreichen. Im darauf folgenden Jahr erhöhen Sie die Teilnehmerzahl um 10%. In welcher anderen Branche haben Sie solche Wachstumsraten?

# 7.4 Preisgestaltung

Sicherlich werden Sie sich jetzt die Frage stellen, was Sie für Ihren Yoga-Unterricht nehmen dürfen? Das hängt zum einen von der Region ab, in der Sie arbeiten wollen, zum anderen von Ihrer Fachkompetenz, von Ihrer Zielgruppe und von Ihrem Selbstwertgefühl. Ich habe Ihnen nachfolgend einige Preise aufgeführt. Orientieren Sie sich bei Ihrer eigenen Preisgestaltung immer nach oben!

Bieten Sie einen Yoga Kurs für ein Arbeitslosenzentrum an, werden 40,00 Euro für einen 10-er Block sehr hoch sein. Yoga-Kinderkurse liegen mit 80,00 Euro

*Nach der Gründung*

für 10 Zeitstunden eher im unteren Bereich. Von Fitnesscentern bekommen Sie maximal 25,00 Euro für 60 Minuten Unterricht. An einer Volkshochschule werden Sie wahrscheinlich nie mehr als 30,00 Euro Honorar für 45 Minuten Unterricht bekommen. Dieser Betrag ist regional unterschiedlich und eher hoch angesetzt. Lösen Sie hierzu unbedingt die Aufgabe in Kapitel 14.2.

Wenn Sie für Firmen unterrichten, rechnen Sie bitte niemals unter 120,00 Euro pro Zeitstunde ab. Hier machen Sie sich mit einer Honorarforderung von 40,00 Euro unglaubwürdig. In Ihrer eigenen Yogaschule sind zwischen 40,00 Euro bis 60,00 Euro Monatsbeitrag üblich. In Kapitel 6 habe ich die Einnahmen mit 40,00 Euro Monatsbeitrag eher vorsichtig angesetzt. Üblich sind bis zu 60,00 Euro pro Person. Wenn Sie ein besonderes Ambiente anbieten, können Sie auch 80,00 Euro verlangen.

Einen Kurs für Anfängerinnen (10 Abende) können Sie für 120,00 Euro bis 150,00 Euro pro Person anbieten, einen Yoga Tag von 10.00 bis 17.00 Uhr mit einer Stunde Mittagspause zwischen 80,00 Euro und 100,00 Euro. Für ein Wochenendseminar von Freitagabend bis Sonntagmittag können Sie zwischen 160,00 Euro und 200,00 Euro abrechnen. Die Unterkunft und Verpflegung wird dabei gesondert vom Seminarhaus in Rechnung gestellt. Eine Yoga-Einzelstunde (60 Minuten) kostet 40,00 Euro bis 60,00 Euro. Gehen Sie vorsichtig mit „Ermäßigungen" um und streichen Sie das Wort „kostenlos" komplett aus Ihrem Wortschatz!

## 7.5 Das Kassenbuch

Legen Sie ein Kassenbuch an. Sie benötigen es für Ihre eigenen Aufzeichnungen, die Sie dann am Monats- beziehungsweise Quartalsende Ihrer Steuerberaterin geben. Ein Kassenbuch bekommen Sie in jedem Schreibwarenladen. Die Seiten sind durchnummeriert. Nehmen Sie für jeden Monat fortlaufend ein Blatt. Ganz links tragen Sie das Datum ein, daneben die Bezeichnung des Vorganges, zum Beispiel Parkgebühr. Dann kommt eine Spalte, in der nach einem Buchungsbeleg gefragt wird. Nummerieren Sie Ihre Belege nach Datum geordnet von unten nach oben. Das früheste Datum bekommt die kleinste Belegnummer. In der Spalte Einnahmen und Ausgaben schreiben Sie den Betrag hin. Am Ende des Monats werden links die Einnahmen zusammengezählt, rechts die

*Nach der Gründung*

Ausgaben. Die Differenz zwischen den Einnahmen plus den Kassenbestand aus dem Vormonat minus der Ausgaben des laufenden Monats ergibt den aktuellen Kassenbestand. Ein wichtiger Hinweis: Es dürfen keine Minusbeträge im Kassenbuch erscheinen, Sie müssen ggf. Bareinlagen (siehe Beleg-Nr. 1 in der folgenden Tabelle) machen. Wenn Sie sich verschrieben haben, streichen Sie das Falsche durch und setzen Sie den richtigen Betrag daneben. So sieht ein Kassenbuch aus:

| Datum | Bezeichnung | Beleg-Nr. | Einnahme | Ausgabe |
|---|---|---|---|---|
| 01.7. | Privateinlage | 1 | 100,00 | |
| 02.7. | Briefmarken | 2 | | 20,00 |
| 02.7. | Parkgebühr | 3 | | 2,00 |
| 15.7. | Reinigungsmaterial | 4 | | 10,60 |
| 16.7. | E. Müller, Yoga Kurs | 5 | 120,00 | |
| 16.7. | B. Buse, Yoga Kurs | 6 | 120,00 | |
| 16.7. | M. Heuser, Yoga Kurs | 7 | 120,00 | |
| 16.7. | Privatentnahme | 8 | | 300,00 |
| 18.7. | G. Giebel, Yoga Tag | 9 | 80,00 | |
| 20.7. | H. Wichmann, Yoga Tag | 10 | 80,00 | |
| 23.7. | S. Schröder, Yoga Tag | 11 | 80,00 | |
| 24.7. | Spende Caritas | 12 | | 10,00 |
| 31.7. | Bankeinzahlung | 13 | | 300,00 |
| | | | 700,00 | 642,60 |
| + Kassenbestand aus dem Vormonat | | | 58,30 | |
| ./.Ausgaben | | | 642,60 | |
| Aktueller Kassenbestand | | | 115,70 | |

Der Betrag von 115,70 Euro ist Ihr neuer Kassenbestand. Sie sollten in auch tatsächlich bar in der Kasse haben. Neben dem Kassenbuch benötigen Sie noch

*Nach der Gründung*

einen schmalen DinA4 Ordner. In diesen Ordner kommen Ihre nummerierten Belege. Der Beleg-Nr. 1 liegt ganz unten, der Beleg 13 ganz oben.

**Tipp!**
Lassen Sie bitte die meisten Einnahmen die Sie haben über Ihr Bankkonto laufen. Nach den Aussagen einer Betriebsprüferin erhöht das die steuerliche Glaubwürdigkeit. Die Dame wollte uns unterstellen, dass es ja noch viel mehr Bareinnahmen geben müsste. Wir konnten ihr alle Teilnehmerlisten vorlegen und akribisch alle weiteren Zahlungseingänge nachweisen. Sie müssen nach einigen Jahren damit rechnen, dass Ihr Finanzamt eine Betriebsprüfung anordnet. Wenn Sie gleich von vornerein eine übersichtliche Buchführung haben und alle Belege zuzuordnen sind, ersparen Sie sich viel Ärger. Halten Sie den Kassenbestand möglichst klein. Die Kasse sollten Sie wirklich nur für den täglichen Gebrauch kleinerer Geldbewegungen verwenden.

**7.5.1 Das 3-Konten-Prinzip**
In all den Jahren meiner beruflichen Selbstständigkeit habe ich mit folgendem System gute Erfahrungen gemacht. Sie benötigen für Ihr Unternehmen ein Geschäftskonto. Das Privatkonto ist sowieso vorhanden, ein Sparkonto wahrscheinlich auch. Regeln Sie das mit Ihrer Hausbank so, dass Ihr Geschäftskonto ein Unterkonto Ihres Privatkontos wird. Das Privatkonto hat zum Beispiel die Endziffern 00. Das Geschäftskonto bekommt die Endziffern 01, das Sparkonto die Endziffer 02. Dann haben Sie alle Konten unter einem Hauptkonto. Das spart Kontoführungsgebühren. Vereinbaren Sie mit Ihrer Bank für Ihr Geschäftskonto einen Dispositionskredit. 1.000,00 Euro sind vollkommen ausreichend. Denken Sie daran: Je höher der Dispositionskredit ist, umso größer ist die Gefahr, diesen Kredit dauerhaft zu überziehen. Sie zahlen dafür bis zu 12,5 % Zinsen. Für eine geduldete Überziehung Ihres Dispositionskredites nehmen die Banken bis zu 19,5 % Zinsen. Einen Betriebsmittelkredit bekommen Sie heute schon für 8% Zinsen. Überlegen Sie gut, wie Sie finanzielle Engpässe überbrücken wollen. In den Sommermonaten werden Sie wahrscheinlich nicht so hohe Einnahmen haben und sind auf Ihre Bank angewiesen. Sie berät Sie und hilft Ihnen in solchen Geldangelegenheiten. Seien Sie im Umgang mit Banken absolut ehrlich.

Gehen Sie jetzt wie folgt vor: 50% Ihrer Einnahmen kommen auf das Privatkonto, 50% bleiben auf dem Geschäftskonto. 10% vom Privatkonto gehen auf ein separates Sparkonto. Das Sparguthaben sollte immer so groß sein, dass die sechsfachen Kosten eines Monats vorhanden sind. Es ist eine absolute Notreserve, die Sie sich unbedingt zulegen sollten. Wenn Sie also 2.000,00 Euro Einnahmen im Monat haben, lassen Sie 1.000,00 Euro auf dem Geschäftskonto. 1.000,00 Euro werden auf das Privatkonto umgebucht. Von diesen 1.000,00 Euro sind 100,00 Euro für Ihr Sparkonto vorgesehen. Diese Summe erscheint am Anfang sehr klein. Im Laufe der Jahre kommt da so einiges zusammen. Sie brauchen diese Rücklagen für schlechte Zeiten.

Sie müssen die Einnahmen aus Ihrem Yoga-Unterricht von Ihrem privaten Konto trennen. Dazu nehmen sie wieder einen DinA4 Ordner. Hier kommen Ihre betrieblichen Kontoauszüge, geordnet nach der Nummer Ihres Bankauszuges. Die kleinste Nummer liegt unten, darüber dann die nächst höhere. Hinter den Auszügen können Sie die jeweiligen Belege heften. Es muss für jede Buchung ein Beleg vorhanden sein. Keine Buchung ohne Beleg!

## 7.6 Tagesablauf einer Yogalehrerin

Damit Sie sich eine Vorstellung davon machen können, welche zeitliche Belastung auf Sie zukommt, habe ich Ihnen nachfolgend den möglichen Tagesablauf einer Yogalehrerin mit Kindern beschrieben:

| | |
|---|---|
| 06:00 – 07:00 Uhr | Aufstehen, Kinder fertig machen für die Schule |
| 07:00 – 08:00 Uhr | Eigene Yogapraxis |
| 08:00 – 08:30 Uhr | Frühstück |
| 08:30 – 11:30 Uhr | Büroarbeit und Akquise neuer Schülerinnen |
| 11:30 – 12:30 Uhr | Hausarbeit |
| 12:30 – 13:00 Uhr | Mittagessen kochen |
| 13:00 – 13:30 Uhr | Mittagessen mit den Kindern |
| 13:30 – 15:00 Uhr | Schulaufgaben machen mit den Kindern |
| 15:00 – 16:00 Uhr | Vorbereitung auf den Yoga-Unterricht |
| 16:00 – 17:30 Uhr | Yoga-Anfängerinnenkurs |
| 18:00 – 19:30 Uhr | Yoga-Tiefenentspannung (Yoga-Nidra) |
| 20:00 – 21:30 Uhr | Yoga für Fortgeschrittene |
| 22:00 – 22:30 Uhr | Eigene Meditation |
| 23:00 Uhr | Nachtruhe |

*Nach der Gründung*

## 7.7 Die Betriebsprüfung

In diesem Kapitel möchte ich Sie über die wichtigsten Punkte einer Betriebsprüfung (Außenprüfung) informieren. Rechnen Sie damit, dass eine Betriebsprüfung alle 8 bis 10 Jahre erfolgt. Die Finanzämter machen da auch bei Yogalehrerinnen keine Ausnahme. Wenn Sie Ihre Buchführung ordnungsgemäß gemacht haben und alle Einnahmen erfasst wurden, können Sie einer Betriebsprüfung ruhig entgegen sehen.

Die Betriebsprüfung ist in der Betriebsprüfungsordnung geregelt. Es können auch besondere Betriebsprüfungen (z.B. Lohnsteueraußenprüfung und Umsatzsteuersonderprüfung) durchgeführt werden.

Aufgaben der Betriebsprüfung
Zweck der Betriebsprüfung ist die Ermittlung und Beurteilung der steuerlich bedeutsamen Sachverhalte. Dadurch soll eine Gleichmäßigkeit der Besteuerung zu den anderen steuerpflichtigen Berufsgruppen sichergestellt werden (§§ 85, 199 Abs. 1 AO). Die Finanzbehörde entscheidet nach Ermessen, ob und wann eine Betriebsprüfung durchgeführt wird.

Anordnung der Betriebsprüfung
Ihr Finanzamt ordnet die Betriebsprüfung an. Die Prüfungsanordnung enthält alle wesentlichen Informationen, was geprüft werden soll und auf welchen Zeitraum sich die Prüfung erstreckt. Der Prüfungsanordnung sind Hinweise auf Ihre wesentlichen Rechte und Pflichten beigefügt. Die Mitteilung über den voraussichtlichen Beginn und die Festlegung des Ortes der Betriebsprüfung kann mit der Prüfungsanordnung verbunden werden. Handelt es sich um eine abgekürzte Betriebsprüfung nach § 203 AO, ist die Prüfungsanordnung um diese Rechtsgrundlage zu ergänzen. Soll der Umfang einer Betriebsprüfung nachträglich erweitert werden, ist eine ergänzende Prüfungsanordnung zu erlassen.

Der Name der Betriebsprüferin, einer Betriebsprüfungshelferin und andere Prüfungsleitende Bestimmungen können in die Prüfungsanordnung aufgenommen werden. Die Prüfungsanordnung wird Ihnen etwa zwei Wochen vor der Prüfung bekannt gegeben. Sie können beantragen, den Beginn der Prüfung aus wichtigem Grund zu verschieben (z.B. Indienaufenthalt, Ferienseminar, Erkrankung, etc.).

Umfang der Betriebsprüfung
Die Finanzbehörde bestimmt den Umfang der Betriebsprüfung. Der Prüfungszeitraum beträgt in der Regel nicht mehr als drei zusammenhängende Besteuerungszeiträume. Hält Ihr Finanzamt eine umfassende Ermittlung der steuerlichen Verhältnisse im Einzelfall nicht für erforderlich, kann sie eine abgekürzte Betriebsprüfung (§ 203 AO) durchführen. Diese beschränkt sich auf die Prüfung einzelner Besteuerungsgrundlagen eines Besteuerungszeitraums oder mehrerer Besteuerungszeiträume.

Ort der Betriebsprüfung
Die Betriebsprüfung findet in Ihrer Yogaschule statt. In Ausnahmefällen kann die Betriebsprüfung auch bei Ihrer Steuerberaterin stattfinden.
Wann müssen Sie mit einer Betriebsprüfung rechnen?
- Ihre Yogaschule macht über mehrere Jahre Verluste.
- Sie haben einen Vermögenszuwachs ohne entsprechende Einnahmen.
- Ihr Einkommen deckt nicht die normalen Lebenshaltungskosten.
- Ihre Umsätze haben ohne erkennbaren Grund starke Schwankungen.
- Sie haben einen hohen Vorsteuerabzug.
- Sie geben Ihre Yogaschule auf oder ändern die Rechtsform.
- Sie erfüllen Ihre steuerlichen Verpflichtungen nicht.
- Vorherige Betriebsprüfungen haben zu erheblichen Steuernachzahlungen geführt.

Was weiß die Prüferin über Sie?
Bevor sich die Prüferin zur Prüfung anmeldet, hat sie sich bereits ein Bild über Ihre Yogaschule gemacht. Ihr stehen dazu in der Regel die abgegebenen Einnahme-Überschussrechnungen und die Steuererklärungen der vergangenen Jahre zur Verfügung. Vielleicht verfügt die Prüferin sogar über besondere Informationen, die sie anlässlich einer Prüfung bei einer Ihrer Geschäftspartnerinnen, oder von anderen Behörden erhalten hat. Auch Ihr Internetauftritt kann als Informationsquelle dienen.

Wie können Sie sich auf die Prüfung vorbereiten?
Stellen Sie sich darauf ein, dass die Prüferin detaillierte Fragen stellen wird und die Bereitstellung aller relevanten Buchführungsunterlagen erwartet. Alle Zahlungseingänge und Ausgänge müssen nachvollziehbar sein. Zu jeder Buchung muss es einen entsprechenden Beleg geben. Die Betriebsprüferin wird auch

*Nach der Gründung*

Ihre Privatkonten und alle Ihre Sparkonten einsehen. Bereiten Sie sich auf die Prüfung gut vor.

Ist es ratsam eine Selbstanzeige zu erstatten?
Sinnvoll ist eine Selbstanzeige nur dann, wenn Sie davon ausgehen müssen, dass es in Ihrer Yogaschule buchhalterische oder steuerliche Ungereimtheiten gibt, die die Betriebsprüferin leicht erkennen kann. Eine Selbstanzeige muss vor Prüfungsbeginn beim Finanzamt eingehen. Sie verhindert nur ein Strafverfahren. Die Steuer auf die hinterzogenen Einnahmen müssen Sie jedoch pünktlich nachbezahlen.

Wann kommt es zu strafrechtlichen Folgen?
Sobald während der Prüfung der Verdacht einer Straftat oder Steuerordnungswidrigkeit auftaucht, muss von der Betriebsprüferin die zuständige Straf- und Bußgeldstelle informiert werden. Die Prüfung wird dann bis zur Bekanntgabe der Einleitung eines Verfahrens unterbrochen. Kommt es während der Außenprüfung selbst nicht zur Einleitung des Steuerstrafverfahrens (und liegt ein Verdacht bei Ihnen vor), sorgt die Finanzverwaltung weiterhin für eine steuerstrafrechtliche Überprüfung. Sie veranlasst, dass der Prüfungsbericht den Strafverfolgungsorganen zugeleitet wird. So kann es trotz einvernehmlich abgeschlossener Außenprüfung zu einem überraschenden Steuerstrafverfahren kommen.

Worum geht es bei der Schlussbesprechung?
Am Ende der Betriebsprüfung findet eine Schlussbesprechung statt. Die Besprechungspunkte und der Termin der Schlussbesprechung müssen Ihnen vor der Besprechung mitgeteilt werden. Die Schlussbesprechung ist eine "Verhandlung" zwischen der Finanzverwaltung und Ihnen über das Ergebnis der Außenprüfung. Dabei hängen Kompromisse von Ihrem Verhandlungsgeschick ab.
Aus eigener Erfahrung kann ich Ihnen mitteilen, dass Sie hier gut handeln können. Bei der Schlussbesprechung kann es zugehen wie auf einem indischen Basar. Bei manchen Dingen bleiben Sie konsequent, dafür geben Sie bei anderen Dingen nach. Am Ende haben beide Parteien gewonnen. Wenn Sie mit den Prüfungsfeststellungen nicht zufrieden sind, bleibt Ihnen als Rechtsmittel Einspruch gegen die geänderten Steuerbescheide einzulegen.

*Nach der Gründung*

Mitwirkungspflichten
Die Finanzbehörde erwartet von Ihnen, dass Sie als Auskunftspersonen zur Verfügung stehen. Ihre Auskunfts- und sonstige Mitwirkungspflicht ist mit der Benennung einer Auskunftsperson (z.B. Ihrer Steuerberaterin) nicht erloschen. Die Betriebsprüferin darf im Rahmen ihrer Ermittlungsbefugnisse auch Betriebsangehörige um Auskunft ersuchen, die nicht als Auskunftspersonen benannt worden sind.

Die Vorlage von Büchern, Aufzeichnungen, Geschäftspapieren und anderen Unterlagen, die nicht unmittelbar den Prüfungszeitraum betreffen, kann ohne Erweiterung des Prüfungszeitraums verlangt werden, wenn dies zur Feststellung von Sachverhalten des Prüfungszeitraums für erforderlich gehalten wird.

## 8. Marketing

<u>Allgemeines</u>
Marketing ist die Ausrichtung Ihres Unternehmens auf die Förderung des Umsatzes. Damit ist nicht nur Ihre Werbung in der Tageszeitung gemeint, sondern Ihr gesamtes Auftreten am Markt.

Erstes Beispiel:
Wenn das Gymnasium Ihrer Stadt Sie bittet, eine Yogastunde zum Thema Ethik für die Schülerinnen der 13. Klasse zu geben, so zählt das als Marketing für Ihre Yogaschule. Die Schülerinnen erzählen zu Hause ihren Eltern von diesem Vormittag, andere Lehrkräfte werden auf Sie aufmerksam und melden sich für Ihren Unterricht an. Der Vater einer Schülerin ist Geschäftsführer eines Handelsunternehmens. Diese Firma plant gerade ein Gesundheitsprogramm für die Mitarbeiterinnen. Es werden sich ungeahnte Möglichkeiten ergeben.

Zweites Beispiel:
Wenn Sie Ihr Auto mit dem Logo Ihrer Schule und allen Kontaktdaten versehen haben, so ist das eine Form von Marketing. Fährt ein Familienangehöriger dieses Kraftfahrzeug und benimmt sich im Straßenverkehr rüpelhaft (z.B. mit Lichthupe oder erhobenem Mittelfinger), dann ist das auch Marketing, allerdings negativ. Sie stehen mit Ihren Aktionen im öffentlichen Leben. Die Menschen schauen genau hin. Letztendlich geht es immer darum, dass Sie von Ihren potentiellen Yogaschülerinnen wahrgenommen werden. Auf welche Art und Weise Sie das tun, entscheiden Sie ganz allein.

<u>Erreichbarkeit</u>
Haben Sie schon einmal darüber nachgedacht, wer die Telefonanrufe entgegennimmt wenn Sie am Samstag eine Anzeige in der Zeitung geschaltet haben und am Montagvormittag unterrichten müssen? Sorgen Sie dafür, dass Sie nach so einer Anzeigenschaltung auch wirklich erreichbar sind; vielleicht nicht nur über Anrufbeantworter, sondern persönlich. Lernen Sie, wie solche Gespräche aufgebaut sind, bis hin zum Abschluss (Unterrichtsvertrag).

Wenn Sie nur eine Telefonnummer haben und diese ist den ganzen Vormittag besetzt, weil Sie im Internet surfen, sind Sie nicht erreichbar. Nach dem dritten

*Marketing*

Versuch gibt es die Anruferin auf und meldet sich bei Ihrer Konkurrenz zum Yoga an. Lassen Sie sich also von Ihrem Telefonanbieter mehrere Telefonnummern geben.

Kennen Sie Ihre Stärken?
Kennen Sie Ihre Stärken? Wissen Sie, was Ihre Spezialgebiete sind? Haben Sie sich schon einmal die Frage gestellt mit welcher Zielgruppe Sie arbeiten wollen? Kennen Sie das konstante Grundbedürfnis Ihrer Teilnehmerinnen?

Eine meiner Weiterbildungen zur Erhöhung auf dem Spezialgebiet Unternehmensberatung für Yogalehrerinnen führte mich zur „Engpasskonzentrierten Strategie von Wolfgang Mewes". Ich kann dieses Fernstudium wirklich empfehlen. Weitere Informationen finden Sie bei den Literaturhinweisen oder im Internet.

Ihr Kurskonzept
Wie ist Ihr Gesamtangebot gestaltet? Geben Sie außer den laufenden Wochenkursen auch Workshops, Wochenend- und Ferienseminare? Machen Sie das gleiche Programm wie Ihre Konkurrenz? Wodurch unterscheiden Sie sich im positiven Sinne von Ihren Mitbewerberinnen? Hüten Sie sich davor, schlecht über Ihre Konkurrenz zu sprechen. Das macht Sie unglaubwürdig und fällt letztendlich auf Sie zurück. Wie ist Ihre Preisgestaltung? Müssen Sie wirklich günstiger sein als die Yogaschule nebenan? Erhoffen Sie sich dadurch mehr Schülerinnen? Glauben Sie, das wird klappen? Auf welcher Basis haben Sie Ihre Preise kalkuliert?

Ihre Yogaschule
Als Marketing gilt auch die Wahl des Standortes Ihrer Yogaschule. Dafür ist es wichtig, darauf zu achten, in welcher Umgebung ihre Yogaschule liegt, welche Geschäfte sich im Gebäude finden, ob genügend Parkplätze vorhanden sind und ob die Schule gut mit öffentlichen Verkehrsmitteln zu erreichen ist. Gegebenenfalls ist es von Vorteil, wenn Sie darauf achten, ob Ihre Unterrichtszeiten mit den Zeiten der Fahrpläne der öffentlichen Verkehrsmittel übereinstimmen.
Haben Sie schon einmal überlegt, nach welchen Gesichtspunkten Sie den Namen Ihrer Schule ausgewählt haben? Warum nehmen Sie nicht Ihren Familiennamen? Wenn Sie einen Namen für Ihre Yogaschule haben, achten Sie darauf, dass genügend Schilder am Gebäude Ihrer Yogaschule angebracht sind. Die Außenwerbung ist sehr wichtig!

*Marketing*

Wie sind die Räume Ihrer Schule gestaltet? Sind sie hell und freundlich? Riecht es gut in Ihrer Schule? Bekommen die Kursteilnehmerinnen am Anfang oder am Ende der Stunde eine Tasse Tee? Gibt es Umkleideräume und Toiletten? Sind Ihre Räume sauber?

Was für Sachen tragen Sie beim Unterrichten? Sind Sie ordentlich gekleidet? Ihr persönliches Erscheinungsbild sollte neutral und absolut vertrauenswürdig sein. Verabredungen, die Sie machen, müssen Sie unbedingt einhalten. Seien Sie immer eine halbe Stunde vor dem Unterricht da. Es macht keinen guten Eindruck, wenn Sie auf die allerletzte Minute kommen.

Tag der offenen Tür
Gerade am Anfang, wenn Sie Ihre Yogaschule eröffnen, empfehle ich Ihnen, einen „Tag der offenen Tür" zu veranstalten. Den ganzen Tag über können Sie sich in der Öffentlichkeit zeigen, Ihr Angebot vorstellen, Vorträge halten und unterrichten. Auf diese Weise lernen Sie Ihre zukünftigen Schülerinnen kennen. Die Hemmschwelle bei einem „Tag der offenen Tür" ist niedrig. Die Menschen sind von Natur aus neugierig und werden zu Ihnen kommen. Informieren Sie unbedingt Ihre Tageszeitung und die Werbeblätter Ihres Einzugsgebietes. Dadurch bekommen Sie eine kostenfreie Werbung. Laden Sie zum „Tag der offenen Tür" Ihre Verwandten, Freunde und auch die ehemaligen Schülerinnen Ihrer Volkshochschulkurse ein. Wenn Sie später mit Krankenkassen kooperieren wollen, wäre das eine gute Möglichkeit, sie einzuladen. Vergessen Sie bitte nicht, genügend Flyer und Anmeldekarten auszulegen. Nach dem „Tag der offenen Tür" ist es empfehlenswert, wenn Sie in der darauf folgenden Woche mit einem Anfängerinnenkurs beginnen.

Empfehlungsmarketing
Die Mund zu Ohr Propaganda ist immer noch die beste Werbung für Sie. Wenn Sie Ihren ersten Anfängerinnenkurs in Ihrer Yogaschule gemacht haben, könnten Sie zum Beispiel den Teilnehmerinnen neben der Teilnahmebescheinigung auch einen Anmeldebogen für den Fortsetzungskurs mitgeben.

Bitten Sie Ihre Teilnehmerinnen, dass sie, wenn Ihnen der Yoga Kurs gefallen hat, zwei weitere Flyer für Freunde, Arbeitskolleginnen und Verwandte mitnehmen und diese weitergeben. Sie können sicher sein, dass Sie dadurch neue Yogaschülerinnen bekommen werden. Es ist eine kostenfreie Werbung für Sie.

*Marketing*

Telefonmarketing
Können Sie gut telefonieren? Dann wird Telefonmarketing ein ausgezeichnetes Instrument zur Teilnehmerinnengewinnung für Sie sein. Wenn Sie eine Werbekampagne mit Fließtextanzeigen starten, müssen Sie die erhaltenen Daten in einer Datenbank erfassen. Auch bei Anfragen über das Internet bekommen Sie Adressdaten. Sammeln Sie diese Daten. Wenn jetzt ein neuer Yoga Kurs startet, rufen Sie bei den Interessentinnen an. Das dürfen Sie ruhig tun.

Im Telefonat könnten Sie zum Beispiel sagen: „Guten Tag, mein Name ist Eva Mustermann von der Yogaschule XYZ. Sie hatten sich vor einiger Zeit für einen Yoga-Kurs interessiert. Haben Sie noch Interesse? Am übernächsten Mittwoch um 18.00 Uhr beginne ich eine neue Gruppe. Ich habe noch einen Platz für Sie frei. Sind Sie dabei? Gut, das freut mich sehr. Stimmt Ihre Adresse noch? […] Ich schicke Ihnen eine Anmeldebestätigung mit Rechnung. Kennen Sie noch jemanden aus Ihrem Verwandten- oder Bekanntenkreis, die mitmachen möchte? Ich wünsche Ihnen einen schönen Tag, auf Wiederhören."

Diese Marketingmethode ist kostengünstig. Sie brauchen nur die Telefonnummern und Zeit. Der Rücklauf bei solchen Aktionen liegt erfahrungsgemäß bei 8% bis 10%. Wenn Sie also 100 Adressdaten haben, melden sich zwischen acht bis zehn Personen bei Ihnen an. Außerdem haben Sie den direkten Kontakt zu Ihren zukünftigen Schülerinnen. Notieren Sie sich, was Ihnen die Person am Telefon erzählt. Machen Sie sich in Ihrer Datenbank Stichworte. Rufen Sie dort nicht mehr an, wenn kein Interesse mehr besteht. Seien Sie bei einer Absage genauso freundlich wie zuvor. Diese Methode ist zwar mühselig, auf lange Sicht gesehen bauen Sie sich so ein gutes Fundament, auf dem Sie dann ein stabiles Haus errichten können. Fragen Sie nie nach dem Erfolg Ihrer Arbeit. Bevor Sie ernten, müssen Sie säen, die Ernte kommt nicht sofort, sondern später.

## 8.1 A.I.D.A.

Diese Abkürzung erklärt, wie eine Werbebotschaft aufgebaut sein soll. Das Stufenmodell enthält vier Phasen, die die zukünftige Interessentin durchläuft und die letztlich zur Anmeldung in einem Ihrer Yogakurse führen. Die vier Phasen werden als gleich wichtig angesehen und finden auch heute noch in Werbestrategien ihren Niederschlag. Die Phasen gehen fließend ineinander über.

*Marketing*

A.I.D.A. sind die Anfangsbuchstaben der vier englischen Worte Attention (Aufmerksamkeit), Interest (Interesse), Desire (Wunsch, Begehren) und Action (Handlung). Im Marketing steht dieses Modell für ein Werbewirkungsprinzip. Es bedeutet, dass Sie zunächst einmal Aufmerksamkeit erregen, dann Interesse am Angebot wecken, danach das Verlangen danach wecken und schließlich zum Handeln auffordern.

Ich habe nach dieser Formel meine PR-Anzeigen getextet und meine Werbebriefe konzipiert. Ich spreche aus eigener Erfahrung, wenn ich Ihnen mitteile, dass diese 1898 von Elmo Lewis gefundene Formel nach über 100 Jahren immer noch aktuell ist.

Attention (Aufmerksamkeit)
Mit Ihrer Internetseite, Ihrer PR-Anzeige, Ihrem Werbebrief oder Ihren Flyern sollten Sie Aufmerksamkeit erzeugen. Die zukünftigen Teilnehmerinnen müssen persönlich und emotional angesprochen werden.

Interest (Interesse wecken)
Sie müssen den persönlich vorhandenen oder latenten Bedarf direkt ansprechen. Welchen Nutzen hat die zukünftige Kursteilnehmerin, wenn sie zu Ihnen in den Yoga-Unterricht kommt?

Über mehrere Jahre hinweg habe ich mit dem Angebot „Yoga-Anfängerinnenkurs – Schwerpunkt Rückenprobleme" geworben. Es meldeten sich ausschließlich Menschen, die Rückenprobleme hatten und diese loswerden wollten. Allein das Wort Rückenprobleme weckt zum Beispiel bei Menschen mit Rückenschmerzen großes Interesse.

Desire (Bedürfnis)
Nennen Sie Vorteile: Ausgeglichenheit, Entspannung und Gesundheit sind Worte, die die Menschen gerne lesen und die ein bestimmtes Bedürfnis wecken. Sie müssen das Bedürfnis dann natürlich auch befriedigen können. Ohne eine hohe Fachqualifikation wird das kaum möglich sein. Es wird sich sehr schnell herumsprechen, ob Sie halten, was Sie versprechen.

Action (zum Handeln auffordern)
In dieser Phase müssen Sie konsequent zur Reaktion auffordern. Was genau soll die Interessentin jetzt machen? Beispielsweise könnte Sie anrufen, weiteres Info-Material anfordern oder sich anmelden. In einem Werbebrief kann das die „Aufforderung" sein, sich mit der beigefügten Antwortkarte für Ihren Yoga Kurs anzumelden. In einer Anzeige wäre es der Hinweis, weiteres Informationsmaterial anzufordern oder sich telefonisch anzumelden.

Sichtbar gemachte Fachkompetenz
Wenn Sie Ihre Ausbildung beendet haben, müssen Sie Ihre Fachkompetenz nach außen sichtbar machen. Wenn Sie nicht immer wieder den Finger heben und sagen: „Hier bin ich, ich kann euch etwas ganz wertvolles geben", dürfen Sie sich nicht wundern, wenn Ihre Yogakurse leer bleiben. Es gibt verschiedene Möglichkeiten, wie Sie das tun können, aber letztendlich geht es immer wieder darum, sich mit Ihrer Fachkompetenz in der Öffentlichkeit sichtbar zu machen.

Wenn Sie nur eine geringe Fachkompetenz haben (z.B. als Yoga-Übungsleiterin), gibt es nicht viel, was Sie sichtbar machen können. Die 256 Unterrichtseinheiten, die Sie beim Landesverband der Volkshochschulen als Yoga-Übungsleiterin absolviert haben, reichen meines Erachtens nicht aus. Auch eine vierwöchige Schnellausbildung ist nicht geeignet, um sich eine tragfähige Existenz aufzubauen. Ich habe diese Ausbildung selbst gemacht und weiß, wovon ich spreche.

## 8.2 Werbeetat

Um Ihr Ziel zu erreichen, müssen Sie einen bestimmten Betrag für Werbung einsetzen. Nicht zu werben wäre etwa so, als würden Sie die Uhr anhalten, um Zeit zu sparen. Gerade am Anfang Ihrer Selbstständigkeit müssen Sie werben. Die beste Werbung ist immer noch die von Mund zu Ohr, aber es müssen erst einmal Menschen da sein, die Sie weiterempfehlen können.

Geben Sie sich selbst einen Werbeetat. Setzen Sie ihn so ein, dass Ihre Werbung möglichst viele Menschen erreicht und Ihre Yogakurse schnell voll werden. Von den Einnahmen dürfen Sie nicht wieder alles ausgeben, sondern einen Teil für neue Werbeaktionen einplanen. Denken Sie bitte daran: Sie können das Geld

*Marketing*

nur ein einziges Mal ausgeben, deswegen mein Tipp: Halten Sie Ihr Geld zusammen und planen Sie gut, bevor Sie mit Ihrer Werbung starten.

Nehmen wir an, Sie wollen einen bestimmten Umsatz im Jahr erreichen. Von diesem Umsatz rechnen Sie bitte 5% bis maximal 10% für Werbung. Wenn Sie einen Umsatz von 60.000,00 Euro anstreben, so sind 3.000,00 Euro bis 6.000,00 Euro pro Jahr realistisch. Natürlich können Sie viel mehr ausgeben. Das steht dann aber in keinem guten Verhältnis zu den Umsatzgrößen. Überlegen Sie genau, wie Sie Ihr Geld möglichst erfolgversprechend einsetzen. Die Anzeige in einer Tageszeitung war beispielsweise vor 20 Jahren der Renner, gehört aus meiner Sicht heute aber nicht mehr dazu. Mehr dazu können Sie im Kapitel 8.6 Werbeträger lesen. In Kapitel 14.2 habe ich Ihnen eine Aufgabe gestellt, die Sie nutzen können.

## 8.3 Checkliste zum Texten erfolgreicher Anzeigen und Briefe

Wenn Sie Ihre Anzeigen, Ihre Flyer und Werbebriefe selbst erstellen, schlage ich Ihnen vor nach folgendem Muster vorzugehen.

Was genau bieten Sie an?
Hierzu gehört die genaue Bezeichnung des Kurses oder des Seminars, welches Sie anbieten wollen, zum Beispiel, „Yoga-Anfängerinnenkurs, Schwerpunkt Rückenprobleme." Als Schlagzeile sollte dieser Text sich von den nachfolgenden Zeilen abheben.

Wann genau findet der Yoga Kurs statt?
Hier geben Sie den Wochentag, den Termin und die Uhrzeit an.

Wo findet der Yoga Kurs statt?
Den Ort, die Straße mit Hausnummer und die Bezeichnung der Schule sollten Sie genau benennen. Manchmal sind auch Bezeichnungen wie: Im Hinterhaus, I. OG, hilfreich.

Wer führt den Yoga Kurs durch?
Bleiben Sie nicht anonym, sondern nennen Sie Ihren Vornamen und Ihren Na-

*Marketing*

men. Wenn Sie eine abgeschlossene Ausbildung haben, setzen Sie den Titel hinter Ihren Namen, zum Beispiel Eva Mustermann, Yogalehrerin BDY/EYU. Machen Sie sich immer wieder mit Ihrer Fachkompetenz sichtbar. Der Zusatz Eva Mustermann, erfahrene Yogalehrerin sagt nichts über die Qualität Ihrer Arbeit aus.

Vergessen Sie bitte nicht, Ihre Telefonnummer und Ihre Email-Adresse anzugeben. Die Interessentinnen brauchen eine Möglichkeit, sich weitere Informationen einzuholen oder sich anzumelden. Manchmal rufen die Menschen auch nur an, um Ihre Stimme zu hören und zu spüren, ob die Chemie zwischen Ihnen stimmt.

Wie viel kostet der Yoga Kurs?
Wenn Sie einen Yoga Kurs mit 10 Terminen für 150,00 Euro anbieten, werden sich von vorneherein keine Interessentinnen melden, die das nicht zahlen können oder zahlen wollen. Manchmal bestehen sehr unrealistische Vorstellungen von der Höhe des Preises. Sie müssen wissen, dass solche Gespräche Zeit und Kraft kosten. Sie tragen nicht zum Aufbau Ihres Selbstwertgefühls bei. Es gibt aber Zielgruppen, die durchaus bereit sind, 150,00 Euro für Ihren Kurs zu zahlen.

Wenn Sie einen Yoga Tag, oder ein Wochenendseminar machen, dann vergessen Sie nicht, die Kosten für Unterkunft und Verpflegung zu benennen. Sind diese Kosten in Ihrem Preis enthalten? Oder müssen sie zusätzlich entrichtet werden? Wo sollen die Kosten für Unterkunft und Verpflegung bezahlt werden? Bei Ihnen oder im Seminarhaus?

Ihre „Allgemeinen Geschäftsbedingungen" gehören nicht in diesen Flyer. Diese verschicken Sie zusammen mit Ihrer Anmeldebestätigung an Personen, die sich verbindlich angemeldet haben.

Wie lange dauert der Yoga Kurs oder das Seminar?
Geben Sie hier möglichst genau die Kursdaten an; zum Beispiel für einen Yoga Kurs: 10 Abende á 90 Minuten, im Falle eines Yoga Tages: 10.00 bis 12.00 Uhr und 14.00 bis 16.00 Uhr, oder im Falle eines Wochenendseminars: Freitag, 16.00 Uhr bis Sonntag, 12.30 Uhr.

*Marketing*

## 8.4 Das richtige Timing

Wenn Sie sich für die Werbeträger PR-Anzeigen, Fließtextanzeigen und Direktmarketing entschieden haben, müssen Sie folgendes beachten: die Monate Juni, Juli und August sind für Werbung ungeeignet! Ebenso der Monat Dezember. In den Sommermonaten sind die Menschen im Garten und im Urlaub. Im Dezember ist alle Welt mit den Vorbereitungen für Weihnachten und Sylvester beschäftigt. Ihre Stammschülerinnen werden Ihnen in dieser Zeit ohnehin treu bleiben. Ehemalige Stammkundinnen und neue Interessentinnen für Ihr Yogaprogramm zu begeistern, wird in diesen Monaten schwer sein. Die eigentliche Yoga Zeit ist von Januar bis einschließlich Juni und von September bis November.

Wenn Sie im Direktmarketingbereich arbeiten, geben Sie die Briefe so auf, dass sie für Privatpersonen am Freitag, Samstag, oder vor den Feiertagen ankommen. Die Menschen haben am Wochenende mehr Zeit, Ihre Post zu lesen. Die Werbeaussendungen für Firmen geben Sie so auf, dass sie von Dienstag bis Donnerstag ankommen, niemals vor den Feiertagen.

Für einen Tag der offenen Tür werben Sie bitte zehn bis vierzehn Tage vorher, für ein Ein-Tages-Seminar sechs Wochen vorher. Wochenendseminare sollten Sie zwei Monate vorher bewerben und Ferienseminare und Kongresse ein halbes bis ein Jahr vorher.

## 8.5 Das Auswerten von Zeitungen

Haben Sie schon einmal Ihre Tageszeitung nach dem Gesichtspunkt ausgewertet, wo Sie mit Ihrem Yogaunterricht andocken können?

Auf einem meiner Existenzgründungsseminare, die ich für Yogalehrerinnen durchführe, war ich im April 2001 in einer thüringischen Kleinstadt. Die Stimmung in der Gruppe war gedrückt. Keine Arbeit, keine Yogakurse, kein Geld. Ich bat die Gruppe alle Zeitungen mitzubringen, die in dieser Stadt gelesen werden. In Kleingruppen wurden diese Zeitungen nach potentiellen Unterrichtsmöglichkeiten durchforstet. Die relevanten Artikel und Anzeigen wurden aus-

*Marketing*

geschnitten. Das Ergebnis wurde in Form einer Collage vorgestellt. Es war schon erstaunlich, welche Fülle an neuen Unterrichtsmöglichkeiten da ans Tageslicht kam.

1. Eine Interessengemeinschaft der ortsansässigen Geschäftsleute hatte sich zusammengetan, um Jugendliche durch besondere Angebote vor Gewalt- und Rechtsradikalismus zu schützen. Die Geschäftsleute hatten dafür eine größere Summe Geldes zur Verfügung gestellt. Der Name der Kontaktperson und ihre Telefonnummern standen im Zeitungsartikel.

Wenn Sie so eine Anzeige lesen, müssen Sie den Mut haben, dort anzurufen. Werden Sie aktiv! Wenn Ihre Zielgruppe den Preis für Ihren Yoga Kurs nicht zahlen kann, dann suchen Sie sich eine Institution, oder eine Gruppe von Menschen, die das übernimmt. Ergreifen Sie selbst die Initiative. Sie haben den Namen, die Telefonnummer, die Sie notfalls aus dem Telefonbuch, über das Internet, oder durch Rückfrage bei der Zeitung erhalten können und sie haben einen Bezug.

2. Die Leiterin des Kreis-Gesundheitsamtes wurde in den Ruhestand verabschiedet.

Jetzt werden Sie sich fragen, was hat das mit Yoga zu tun? Zunächst einmal nichts! Es wird aber wahrscheinlich eine neue Leiterin kommen. Jung, dynamisch, voller neuer Ideen. Ahnen Sie, worauf ich hinaus will? Lesen Sie unbedingt Ihre Tageszeitung und werten Sie diese aus. Irgendwann kommt ein Artikel in dem steht, dass eine neue Leiterin des Kreis-Gesundheitsamtes da ist. Rufen Sie dort an, laden Sie die Frau zum Yogi-Tee in Ihre Schule ein. Stellen Sie den Kontakt zu diesen Menschen her. Es sind Multiplikatoren, die Ihnen helfen werden, sich und Ihre Yogaschule seriös vor Ort zu etablieren.

3. Eine neue Apotheke mit dem Schwerpunkt „Alternative Gesundheitsmedizin" warb für ihre Produkte.

Das wäre eine ideale Kooperationspartnerin für zukünftige Projekte. Sie schicken Ihre Teilnehmerinnen in die neue Apotheke, die neue Apotheke schickt ihre Kundinnen in Ihre Yogakurse. Wahrscheinlich wird noch eine Ärztin für alternative Medizin mit von der Partie sein, etc. So bauen Sie sich ein Netzwerk auf.

*Marketing*

4. Eine Realschule ging vom Vormittagsunterricht auf die Ganztagsbetreuung über.

Hier würde die Möglichkeit bestehen, am Vormittag, oder am Nachmittag Yogakurse in der Schule zu geben. Daraus kann sich vielleicht ein Projekt für Lehrkräfte oder für Eltern entwickeln. Jede Schule sucht für die Nachmittagsbetreuung qualifiziertes Personal. Da Sie vormittags- und nachmittags sowieso keine Yogakurse geben, wäre das eine ziemlich sichere Verdienstmöglichkeit. Werden Sie aktiv!

5. Eine Seniorenwohnanlage inserierte mit dem Text: „Damit es Ihren Lieben an nichts fehlt!"

Genau, und damit es Ihren Lieben an nichts fehlt, unterrichten Sie dort Yoga. Die Heimleitung wird begeistert sein. Den Preis müssen Sie aushandeln.

6. Eine Frauengruppe lud zum Vortag mit dem Thema: „Männer sind anders, Frauen auch" ein. Es standen zwei Namen und Telefonnummern zur Anmeldung mit dabei.

Frauengruppen sind oft auf der Suche nach attraktiven Vorträgen. Rufen Sie dort an und fragen Sie, ob Sie mit der Frauengruppe eine Übungseinheit Yoga mit Vortrag und anschließender Diskussion machen können. Vergessen Sie Ihre Flyer nicht!

Vielleicht ist Ihnen die vorangegangene Strategie etwas fremd, aber denken Sie bitte daran: „Machen Sie alles anders als alle anderen!"

# 8.6 Werbeträger

Sie müssen jetzt genau überlegen, wie Sie Ihren Werbeetat verteilen. Sie können Ihr Geld nur einmal ausgeben. Nachfolgend habe ich Ihnen Werbeträger aufgezeigt, mit denen ich eigene Erfahrungen gemacht habe. Darüber hinaus gibt es sicherlich noch weitere Möglichkeiten die Sie selbst ausprobieren werden.

*Marketing*

Außenwerbung (Eingang zur Yogaschule)
Von extremer Wichtigkeit für Ihre Yogaschule ist die Außenwerbung. Sie wollen von Ihren zukünftigen Schülerinnen gefunden werden. Für den Fall, dass Ihnen die Vermieterin untersagt, am Gebäude Außenwerbung anzubringen, lassen Sie die Finger von diesem Objekt. Die Außenwerbung muss weit sichtbar sein; und für die dunkle Jahreszeit hell erleuchtet. Der Weg im Gebäude selbst muss gut ausgeschildert sein. Sehen Sie das bitte immer aus Sicht der Teilnehmerinnen.

Werbung im Internet
Wenn Sie professionell am Markt auftreten, brauchen Sie eine eigene Internetseite und eine eigene Email-Adresse. Reservieren Sie sich mit dem Namen Ihrer Schule eine Domain. Zu dieser Domain bekommen Sie eine eigene Email-Adresse. Die könnte zum Beispiel so aussehen: info@Eva-Mustermann.de. Die Domain könnte lauten: www.Eva-Mustermann.de.

Wenn Sie eine Emailadresse bei einem Freemail-Anbieter haben, machen Sie Werbung für diesen Anbieter, aber nicht für sich und Ihre eigene Schule. Für den Fall, dass Sie mit Firmen zusammenarbeiten: Jede Personalchefin weiß, dass sich hinter der Domain www.Eva-Mustermann.de ein professionelles Unternehmen befindet.

Ich empfehle Ihnen mit einer Web-Designerin zusammenzuarbeiten. Sie programmiert Ihnen die Internetseiten und stellt sie ins Netz. Sie wird die Seiten so aufbauen, dass sie für die Besucherin kurze Ladezeiten haben und Sie im Ranking bei den Suchmaschinen weit oben stehen. Es reicht nicht aus, im Netz zu sein, Sie müssen auch gefunden werden. Einen kleinen Internetauftritt bekommen Sie schon für etwa 80,00 Euro pro Seite.

Sie brauchen maximal 5 Seiten. Erste Seite: Herzlich willkommen auf der Internetseite von Eva Mustermann. Zweite Seite: Mein Angebot. Dritte Seite: Impressum und Geschäftsbedingungen. Vierte Seite Kontakt und ggf. Links zu anderen Internetseiten und fünfte Seite: Eine Möglichkeit, sich über die Internetseite bei Ihnen für einen Kurs anzumelden. Um Ideen, Anregungen und Eindrücke zu bekommen, lassen Sie sich von den Internetseiten anderer Yogalehrerinnen inspirieren. So finden Sie auch heraus, was Sie auf Ihrer Seite nicht lesen und sehen möchten.

*Marketing*

Versuchen Sie bitte nicht, eine eigene Internetseite zu erstellen. Überlassen Sie das den Profis, es sei denn Sie sind Profi. 80% aller neuen Kontakte kommen in unserer Yogaschule über das Internet zustande.

Wichtig ist, dass Sie sich gegenseitig mit anderen Yogaschulen in anderen Städten verlinken. Je häufiger Sie sich verlinken, umso höher kommen Sie dann im Ranking bei den Suchmaschinen nach oben.

Um im Ranking ganz weit nach oben zu kommen, können Sie bei einer Suchmaschine eine Anzeigenkampagne starten. Das funktioniert so: Sie geben einen Werbeetat ein, z.B. 300,00 Euro pro Monat. Das sind pro Tag 10,00 Euro. Sie benennen verschiedene Suchbegriffe, z.B. Yoga und den Namen Ihres Ortes, Entspannung und den Namen Ihres Ortes, etc. Dann bestimmen Sie, wie viel Sie der Suchmaschine für die Veröffentlichung dieses Suchbegriffes zahlen wollen. Mit 0,50 Euro pro Klick werden Sie wahrscheinlich im Ranking weit hinten liegen. Geben Sie jedoch 1,00 Euro ein, stehen Sie vielleicht weiter vorn. Wird Ihre Anzeige von den Besuchern 10 mal (10 x 1,00 Euro) angeklickt, ist Ihr Werbeetat für diesen Tag aufgebraucht. Die Anzeige wird ausgeblendet und erscheint erst wieder am nächsten Tag.

Gerahmte Anzeigen in Tageszeitungen
Eine gerahmte Anzeige in einer Tageszeitung mit einer Auflagenhöhe von 80.000 Exemplaren kostet Sie in der Samstagsausgabe zweispaltig, 80 mm hoch etwa 500,00 Euro zuzüglich 19% Mehrwertsteuer. Die Anzeige erscheint aber nur ein einziges Mal. Im ungünstigsten Fall auf einem Anzeigenfriedhof, dort wo niemand sie liest. Wenn Sie sich für den Werbeträger „gerahmte Anzeige in Tageszeitungen" entschieden haben, überlegen Sie genau wie viele Anzeigen Sie pro Jahr schalten können, damit Sie Ihren Werbeetat nicht überlasten.

PR-Anzeige (Public Relation)
Eine PR-Anzeige ist eine Anzeige, die in Verbindung zu einem redaktionellen Teil steht. Das heißt, Sie müssen eine gerahmte Anzeige kaufen. Im Gegenzug schreibt die Zeitung etwas über Ihre Arbeit. Überlassen Sie den redaktionellen Text aber nicht der Zeitung, sondern erstellen Sie ihn selbst und lesen Sie ihn noch einmal Korrektur, bevor er veröffentlicht wird. Mit dieser Form der Werbung habe ich gute Erfahrungen gemacht. Zeigen Sie sich ruhig mit Foto, dann verdreifacht sich die Response.

*Marketing*

Fließtextanzeigen in Tageszeitungen
Yoga-Anfängerinnenkurs, Di. 18 h, Tel. 000-0000
Diese Fließtextanzeige passt in eine Zeile. Sie kostet in der Samstagsausgabe der regionalen Tageszeitung unter der Rubrik „Gesundheitsdienst" ca. 15,00 Euro zuzüglich 19% Mehrwertsteuer. Noch einfacher geht es, wenn Sie die Fließtextanzeige Ihrer Domain schalten.
www.Eva-Mustermann.de
Die Domain passt genau in eine Zeile. Da es das erste und einzige Wort ist, wird diese Zeile fett geschrieben. Sie bewerben damit Ihren Internetauftritt und somit nicht einen einzelnen Kurs, sondern Ihr komplettes Angebot.

Egal, für welchen Text Sie sich entscheiden: Sie sollten sieben solcher Anzeigen hintereinander bei einer Zeitung an verschiedenen Wochentagen oder in mehreren Zeitungen schalten, damit Sie wahrgenommen werden. Sie können natürlich auch mehr Text verwenden, dann verdoppelt oder verdreifacht sich der Anzeigenpreis.

In Werbeblättern ist der Anzeigenpreis übrigens niedriger als in Tageszeitungen. Anzeigenblätter haben eine höhere Auflage. Es ist ein preiswerter Werbeträger, mit dem Sie kurzfristig Ihre Veranstaltungen bewerben können.

Anzeige in Veranstaltungskalendern
Die Anzeige erscheint einen ganzen Monat. Die Zeitschrift liegt kostenlos aus und wird vom Leser mehrere Male in die Hand genommen. Die Akzeptanz ist groß. Für den Aufbau einer eigenen Marke halte ich diesen Werbeträger für akzeptabel.

Anzeige in Amtsblättern
Amtsblätter sind die Mitteilungsmedien Ihrer Gemeinde oder Ihrer Stadt. Hier finden Sie alle wichtigen Termine, die die Kommune veröffentlicht. Die Amtsblätter wirken nach Außen absolut seriös. Sie haben eine hohe Akzeptanz in der Bevölkerung und werden auch regelmäßig gelesen. Für Ihre Yogakurse vor Ort halte ich diesen Werbeträger für sehr wichtig.

Anzeige in Theaterprogrammen
Als ich in den 90-er Jahren diesen Werbeträger ausprobierte, habe ich mich selbst gewundert, wie viel Rückfragen ich von Schauspielerinnen und Musikerinnen des ortsansässigen Staatstheaters erhielt. Sie kamen aber nicht für die Yo-

*Marketing*

gakurse, sondern ausschließlich für den Yoga-Einzelunterricht. Musikerinnen und Schauspielerinnen arbeiten genauso wie Sie abends, haben aber viel Tagesfreizeit.

Anzeige in Schülerzeitungen
Hier erreichen Sie die Zielgruppe der Lehrerinnen. Die Anzeigenpreise sind niedrig, die Response ist nicht so hoch. Wenn Sie in der Schule Ihres Ortes Yoga unterrichten (z.B. in einer AG am Nachmittag), dann würde ich schon aus Solidarität zu dieser Schule eine Anzeige schalten. Manche Erfolge stellen sich erst sehr viel später ein.

Werbung im örtlichen Telefonbuch
Neben den „Gelben Seiten" besteht auch die Möglichkeit, im örtlichen Telefonbuch zu werben. Das ist nicht so teuer wie ein Eintrag in den „Gelben Seiten." Holen Sie sich ein Angebot ein und überlegen Sie selbst, ob das Sinn macht.

Visitenkarte und Briefpapier
Lassen Sie sich Visitenkarten und Briefpapier erstellen. Sie sollten zu Ihrem Internetauftritt, der Außenwerbung und allen anderen Unterlagen Ihrer Schule passen. Ein hoher Wiedererkennungswert wird auf Dauer den Erfolg Ihrer Yogaschule steigern.

Plakatwerbung
Diese Form der Werbung kommt zum Tragen, wenn Sie beispielsweise eine Einzelveranstaltung planen. Das Plakat sollte nicht größer als DinA4 sein. Es wird in Geschäften und in öffentlichen Gebäuden ausgehängt. Viele Geschäfte weigern sich allerdings, aus Platzgründen, Ihre Plakate aufzuhängen. Ein Plakat können Sie leicht selbst erstellen. Die Auflage wird nicht sehr groß sein. Sie können natürlich auch größere Plakate erstellen lassen, die an den Litfaßsäulen angebracht werden. Sie zahlen dann die Erstellung, den Druck und die Tagesmiete für die Litfaßsäule. Der gesamte Werbeetat eines Jahres kann damit verbraucht sein.

Prospektverteilung (Flyer)
Der Rücklauf bei Flyern beträgt 0,1%! Auf 1.000 Flyer, die Sie in Ihrer Stadt auslegen, erhalten Sie eine einzige Rückmeldung. Trotzdem halte ich den Flyer für einen wichtigen Werbeträger! Ich lege ihn allerdings nicht aus, sondern ver-

*Marketing*

schicke ihn ausschließlich an unsere Stammkundinnen oder lege ihn im Brief an neue Interessentinnen bei. Auch als Visitenkarte lässt sich ein hochwertiger Flyer im Erstkontakt verwenden. Denken sie bitte daran: Der Flyer ist ein Aushängeschild Ihrer Schule. Er sollte die gleiche Aufmachung, die gleichen Farben und das gleiche Logo haben wie Ihr Briefpapier, Ihre Visitenkarte und Ihr Internetauftritt. Verwenden Sie bitte keine selbst erstellten, fotokopierten Unterlagen. Auch der Laie assoziiert den Wert einer Dienstleistung an dem, was er in den Händen hält. Lassen Sie den Flyer von einem Profi in einer hohen Auflage erstellen, das reduziert die Stückkosten. Die neuen Termine können Sie immer in Form eines weißen C6-Einlegers aktualisieren. Verwenden Sie bitte helle, augenfreundliche Farben. Verwenden Sie schöne Fotos. Sie erhöhen den Lese Wert beträchtlich. Der Flyer muss ein Responseelement enthalten, etwas, womit sich die Menschen anmelden können. Legen Sie die Flyer nicht nur in Läden aus, sondern wählen Sie Orte, an die sonst keiner denkt: Altenheime, Arztpraxen und Beratungsstellen. Legen Sie die Flyer regelmäßig nach.

Autowerbung
Sie können Ihren PKW mit dem Namen Ihrer Schule, Ihrer Internetseite und Ihrer Telefonnummer versehen. Das hat eine hohe Werbewirksamkeit.

Werbung per Brief (Direktmarketing)
Hier kommt ein Werbeträger, mit dem ich in der Vergangenheit sehr gute Erfahrungen gemacht habe. Sie brauchen einen Computer, eine Datenbank, die Möglichkeit, Serienbriefe zu schreiben und eine Form, sich gut auszudrücken. Außerdem benötigen Sie professionelles Briefpapier, einen schnellen Drucker und schöne Briefmarken.

Datenbank
Ich empfehle Ihnen eine Datenbank Ihrer Kundinnen und Interessentinnen anzulegen. Sie können dafür verschiedene Datenbank- oder Kalkulationsprogramme verwenden. Wichtig ist, Sie behalten den Überblick und legen sich ein Suchsystem an, mit welchem Sie Ihre Datenbank nach verschiedenen Suchbegriffen abrufen können. Bauen Sie sich eine nachhaltige Struktur auf, mit der Zeit werden Sie viele Daten sammeln.
Im Laufe der letzten 25 Jahre habe ich mehrere Tausend Datensätze gesammelt, viele von Ihnen habe ich im Laufe der Zeit auch wieder gelöscht, so dass ich aktuell etwa 3000 Datensätze in meiner Datenbank verwalte. Die 3.000 Datensätze habe ich unterteilt in Stammkundinnen, Ehemalige Stammkundinnen, Inter-

*Marketing*

essentinnen und Sonstige Adressen. Stammkundinnen haben die allerhöchste Priorität.

Die Datenbank ist so aufgebaut, dass ich sie durch Abfragen nach bestimmten Zielgruppen selektieren kann. Die Interessentinnen für den Yoga Kurs vor Ort sind nicht identisch mit den Interessentinnen meiner Unternehmensberatung. Meine Stammkundinnen für die Indienreisen sitzen in ganz Deutschland, die Interessentinnen für meine Fastenseminare aber nur im Großraum Braunschweig. Wenn ich eine Indienreise bewerbe, kann ich aus den 3.000 Datensätzen die 250 selektieren, die sich irgendwann einmal für eine Indienreise interessiert haben. Diesen Personenkreis schreibe ich dann mit einem Serienbrief an. Dieser Serienbrief ist persönlich aufgebaut. Er wird mit blauer Tinte unterschrieben. Stammkundinnen nehmen nicht nur an einer Veranstaltung teil, sondern haben auch für andere Angebote Interesse. Etwa 80% des gesamten Umsatzes mache ich mit dieser Zielgruppe. Sie sollten Ihr ganzes Augenmerk auf die Datenpflege Ihrer Stammkundinnen legen.

Ehemalige Stammkundinnen sind Menschen, die schon einmal ein Angebot meiner Schule wahrgenommen haben, sich dann aber aus verschiedenen Gründen abgemeldet haben. Im Textfeld des Datensatzes kann ich vermerken wann und was diese „Ehemalige Stammkundin" bei uns gemacht hat. Ehemalige Stammkundinnen schreibe ich etwa viermal im Jahr an.

Die Zielgruppe „Interessentinnen" hat sich auf Anzeigen und per E-mail bei mir gemeldet. Meistens waren es Interessentinnen für die Yogakurse, Fastenseminare, aber auch für unsere Yogalehrerinnenausbildung, den Indienreisen und meinen Existenzgründungsseminaren für Yogalehrerinnen. Diese Datensätze lasse ich im Schnitt drei Jahre in der Datenbank. Erfolgt in dieser Zeit kein weiterer Kontakt, wird der Datensatz gelöscht. „Interessentinnen" schreibe ich etwa zweimal im Jahr an. Während der Rücklauf (Response) bei „Ehemaligen Stammkundinnen" bei ca. 5% bis 8% liegt, ist er bei „Interessentinnen" bei 1% bis max. 2%.

Sonstige Werbeträger
Es gibt eine Fülle von Werbeträgern, die Sie ausprobieren können. Ich habe Ihnen diejenigen genannt, mit denen ich gute Erfolge beziehungsweise Misserfolge gemacht habe. Halten Sie Ihr Geld zusammen. Überlegen Sie genau, in welchen Werbeträger Sie investieren wollen.

# 9. Checkliste nach der Gründung

√ Sorgen Sie immer für genügend Kursteilnehmerinnen.

√ Erschließen Sie neue Zielgruppen.

√ Beobachten Sie die Angebote Ihrer Wettbewerberinnen.

√ Steigern Sie Ihren Umsatz im nächsten Quartal um 10%.

√ Überprüfen Sie Ihre Einnahmen. Liegen diese über 17.500,00 Euro?

√ Machen Sie eine Aufstellung aller kurz- und längerfristigen Kosten.

√ Sparen Sie Kosten ein.

√ Ermitteln Sie Ihren monatlichen Gewinn.

√ Kümmern Sie sich um Ihre private Altersvorsorge.

√ Lassen Sie sich auch nach der Eröffnung weiter beraten.

√ Lassen Sie alle Bescheide durch Ihre Steuerberaterin prüfen.

√ Behalten Sie Ihre eigene Yoga-Übungspraxis bei.

√ Kümmern Sie sich um eine Erhöhung Ihrer Fachkompetenz.

√ Werden Sie Mitglied in einem Berufsverband.

√ Schließen Sie mit Ihrer Partnerin oder Ihrem Partner einen Ehevertrag ab.

## 10. Life-Work-Balance

Stellen Sie sich darauf ein, dass Sie in den ersten Jahren Ihrer Selbstständigkeit sehr viel arbeiten werden. Wenn Sie für die Volkshochschulen unterrichten, sind zwischen 12 bis 16 Yogakurse normal. Wahrscheinlich werden Sie jeden Abend unterwegs sein. In den Ferien gibt es keine Kurse, aber auch kein Geld. Die Ferienzeit brauchen Sie, um sich zu regenerieren.

Mit einer eigenen Yogaschule ist die Kursbelastung am Anfang nicht so hoch, dafür müssen Sie aber tagsüber mehr Akquise machen, Flyer auslegen und sich Kooperationspartnerinnen suchen. Wenn Sie mit der Zielgruppe Betriebe & Behörden arbeiten, werden Sie viele Stunden am Telefon sein, um Aufträge zu bekommen. Der organisatorische Aufwand ist viel höher, Sie müssen alles selbst machen. Sprechen Sie das vorher mit Ihrer Familie ab! Ihr Partner, Ihre Partnerin und Ihre Kinder haben ein Recht darauf zu erfahren, was da auf Sie zukommt. Sie werden viele Stunden nicht für sie verfügbar sein. Das kann zu einer großen Belastung werden. Wahrscheinlich werden Sie auch an den Wochenenden oft unterwegs sein. Entweder um Ihre eigene Fachkompetenz zu erhöhen oder um Ihr erworbenes Wissen weiterzugeben. Wenn Sie kleine Kinder haben, ist es oftmals schwer, gerade in der „Zu-Bett-Geh-Zeit" nicht zu Hause zu sein. Das sind einmalig schöne Momente, die später nicht wiederkommen werden.

Für den Fall, dass Sie an den Wochenenden unterwegs sind: Halten Sie sich den Montag unbedingt frei! Sie brauchen diese Zeit, um zu regenerieren und um Ihre sozialen Kontakte zu pflegen. Fahren Sie in die Natur, weg von Ihrem Arbeitsplatz. Sorgen Sie gut für sich. Ihre Teilnehmerinnen merken schnell, wenn Sie ausgelaugt und erschöpft sind. Obwohl der Montagabend ein ausgezeichneter Termin ist, Yogakurse zu unterrichten, machen Sie das nicht. Halten Sie sich einen ganzen Abend für das frei, was Ihnen am Liebsten ist. Machen Sie etwas, was überhaupt nichts mit Yoga zu tun hat.

Vielleicht haben sich Ihre alten Freundinnen von Ihnen distanziert. Die Neuen, die Sie in Ihrer Ausbildung kennen gelernt haben, sind in ganz Deutschland verstreut. Pflegen Sie die neuen Freundschaften. Bleiben Sie telefonisch und per Email in Kontakt miteinander. Es sind so kostbare Begegnungen. Yoga kann sehr einsam machen!

*Life-Work-Balance*

Hüten Sie sich davor Ihre Kursteilnehmerinnen zu Ihren Freundinnen zu machen. Trennen sie den Beruf vom Privaten. Wenn Sie vor Weihnachten mit Ihren Schülerinnen weggehen, ist dagegen nichts einzuwenden, aber wenn Sie das jede Woche tun, sind Sie nach einiger Zeit ausgelaugt.

Denken sie auch daran, dass Sie nicht nur in den Abendstunden für Ihre Schülerinnen da sind. Richten Sie Telefonsprechzeiten ein. Wenn sie merken, dass eine Teilnehmerin mehr braucht als den Yoga-Gruppenunterricht, schlagen Sie ihr Einzelunterricht vor. Vergessen Sie aber nicht, diese Stunde zu berechnen. Eine Yoga-Einzelstunde dauert 60 Minuten. Kommunizieren Sie das vor der Einzelstunde. Manche Teilnehmerinnen schaffen es, Sie 90 Minuten festzuhalten, bezahlen aber wie selbstverständlich nur 60 Minuten.

Sie haben auch die Möglichkeit, sich von Schülerinnen zu trennen. Machen Sie davon Gebrauch. Sie nehmen sie sonst in Gedanken mit nach Hause. Sie werden Ihre Nachtruhe stören und Ihre Life-Work-Balance durcheinander bringen. Sorgen Sie für ausreichend Schlaf, frische Luft, gutes Essen und immer wieder für Zeiten für die eigene Yogapraxis. Der bekannte indische Yogalehrer B.K.S. Iyengar fordert von seinen Schülerinnen, dass Sie genauso lange Yoga üben wie sie unterrichten. Wenn Sie drei Yogakurse je eineinhalb Stunden unterrichten hieße das, dass Sie viereinhalb Zeitstunden am Tag für sich Yoga üben sollten. Schaffen Sie das?

In den ersten Jahren meiner Selbstständigkeit habe ich jede freie Minute und jeden Abend gearbeitet. Ich war sogar der Meinung, dass ich am Silvesterabend meinen Schülerinnen ein Angebot unterbreiten müsste. Wenn meine Schülerinnen ihren wohlverdienten Jahresurlaub antraten, habe ich weiter unterrichtet. Ich hatte ein schlechtes Gewissen, denn die Menschen gaben mir ja schließlich ihr Geld und hatten ein Recht darauf, dafür eine Gegenleistung zu bekommen. Ein Beinbruch, den ich mir auf einer meiner Indienreisen im Himalaya zuzog, zwang mich, diese Situation neu zu überdenken. Ich musste mich in meinem Unterricht vertreten lassen. Ich begann, Yogakurse zusammenzulegen. Statt 15 Kurse mit 10 Teilnehmerinnen hatte ich jetzt 10 Kurse mit 15 Teilnehmerinnen. 5 Kurse weniger bedeuteten für mich eine enorme Entlastung. Umgerechnet waren das zwei Abende freier Zeit für mich. Keine meiner damaligen Schülerinnen hat sich darüber beschwert. Diese Vorstellung existierte nur in meinem Kopf. Ich stellte eine Honorarkraft ein und gab zwei weitere Yogakurse ab. Das

*Life-Work-Balance*

kostete mich zwar Geld, dafür hatte ich aber wieder mehr Zeit für mich. Dann änderte ich die Ferienregelung zu meinen Gunsten. Die Osterferien und die Herbstferien waren unterrichtsfrei, mussten aber bezahlt werden. In den Sommerferien machte ich vier Wochen frei, es lief ein Ferienprogramm mit unseren angehenden Yogalehrerinnen. Diese konnten sich Geld verdienen und ihr in der Ausbildung erworbenes Wissen ausprobieren. Ich hatte mehr Zeit für mich, für meine Kinder und für meine eigene Yogapraxis. Damit ging es mir gut.

Als ich nach 16 Jahren unsere Räumlichkeiten aufgab, fiel eine Last von meinen Schultern. Das lange Unterrichten bis in die späten Abendstunden hinein hatte mich über die Jahre hinweg müde gemacht. In der Zwischenzeit hatten wir in Chennai ein Yogalehrer-Ehepaar kennen gelernt. Dieses Ehepaar bildete meine Frau und mich im Yoga-Einzelunterricht aus. Wir stellten daraufhin unser Konzept auf Yoga-Einzelunterricht um. Dafür brauchten wir keine großen Räumlichkeiten mehr. Wir waren außerdem an keine feste Unterrichtszeit mehr gebunden. Die Schülerinnen kamen zu uns nach Hause, die Unterrichtszeit und der Preis wurden individuell vereinbart. Es gab Zielgruppen, die bereit waren, für eine hohe Fachkompetenz einen entsprechenden Preis zu zahlen. Wir suchten und fanden diese Zielgruppen und konnten ebenso jene unterrichten, die weniger Geld zum Leben hatten. Die Unterrichtszeiten lagen ausschließlich am Vormittag, nachmittags und in den frühen Abendstunden. Die Abende selbst war freie Zeit für uns. Es ging alles viel einfacher.

Heute gebe ich wieder Yoga-Gruppenunterricht. Ich achte aber unbedingt darauf, dass die Life-Work-Balance ausgeglichen ist. Ich miete mir für meine Yogakurse 10 feste Termine in unterschiedlichen Orten mit unterschiedlichen Räumen an. In jeder Gruppe sind maximal 16 Teilnehmerinnen. Nach 10 Wochen sind die Kurse vorbei. Auf diese Weise unterrichte ich drei Kursblöcke im Jahr; das heißt 30 von 54 Wochen sind für den Yoga-Gruppenunterricht reserviert. Ich entscheide immer wieder neu, welche Kurse ich an welchen Wochentagen mache. Den Montag und den Freitag halte ich mir immer frei. An vielen Wochenenden findet unsere Yogalehrerinnenausbildung statt. Auch hierfür haben wir wunderschöne Räume in einem Seminarhaus angemietet. Von 54 Wochenenden bin ich etwa 20 Wochenenden unterwegs. Die restliche Zeit des Jahres ist frei für neue Projekte, Unternehmensberatungen, Weiterbildungen für Yogalehrerinnen, Auftritte mit meiner Mantrasing-Gruppe und immer wieder Indien, Indien, Indien!

# 11. Wenn Sie der Mut verläßt

Vielleicht werden Sie an einigen Tagen in Situationen kommen, die Sie mutlos werden lassen. Sie haben Ihr letztes Geld in eine Werbekampagne gesteckt, aber keine neuen Teilnehmerinnen melden sich an. Stattdessen liegen drei Kündigungen in der Post; und das ausgerechnet von Menschen, die Sie so gerne unterrichtet haben. Ein Familienmitglied wird krank, Ihre Beziehung kommt in eine Krise. Es werden tausend Dinge geschehen, die Sie im Moment nicht überblicken können und die Sie mutlos werden lassen. Es kommen Zweifel auf, ob der Yoga-Weg überhaupt noch der richtige Weg für Sie ist.

Krisen, Zweifel und Mutlosigkeit gehören zum Leben dazu. Erinnern Sie sich noch an meine erste private Yogastunde (Stell dir vor es ist Yoga und keiner kommt)? In schweren Situationen habe ich mich immer an dieses Erlebnis zurück erinnert. Es hat mir Kraft gegeben und mit der Kraft kehrte auch mein Mut zurück. Der Schlüssel liegt in Ihrer Hand. Er heißt „Yoga." Beginnen Sie zu üben. Patanjali, einer der großen Yoga-Philosophen, hat es in seinem 2. Sutra so formuliert: „Yoga ist der Zustand, in dem die Bewegungen des Geistes zur Ruhe kommen." Und dann das 3. Sutra: „In diesem Zustand ruht der Sehende in der eigenen Wesensidentität." Yoga hat noch kein Problem gelöst, aber wenn Ihr Geist ruhiger wird, kommt die Handlungsfähigkeit zurück. Wenn Yoga für Sie nicht nur ein Job, sondern ein Lebensweg ist, dann werden Sie durch alle Krisen hindurch kommen.

Scheuen Sie sich nicht, in schweren Zeiten therapeutische Hilfe in Anspruch zu nehmen. Manche Dinge liegen tief vergraben in Ihrem Unterbewusstsein und stören das Hier-und-Jetzt. Es gibt für solche Fälle Fachleute, die sich damit sehr gut auskennen und Ihnen helfen werden. Vertrauen Sie darauf!

## 12. Fragen und Antworten

Seit 1994 unterrichte ich Yogalehrende in den Fächern der Berufsorientierung (Existenzgründung, Marketing und Neue Unterrichtsmöglichkeiten). In jedem dieser Seminare habe ich die Teilnehmerinnen am Anfang gefragt, was ihr „Brennendstes Problem" in Bezug zu Ihrer Selbstständigkeit ist. Die Antworten habe ich auf farbige Karten schreiben lassen. Diese Karten habe ich über die Jahre hinweg gesammelt. Die „roten Karten" hatten die allerhöchste Priorität. Die „gelben Karten" standen für: „das ist mir wichtig, aber nicht so sehr wie die Rote." Die „grüne Karte" stand für: „Ja, das könnte von Interesse sein." Nachfolgend habe ich Ihnen die Fragen und Antworten von sieben „roten Karten" aufgeführt.

Existenz allein durch Yoga, geht das?
Die Frage zeigt, dass Sie an der Umsetzung Ihrer Idee Zweifel haben. Überlegen Sie genau, ob Sie Ihre finanzielle Sicherheit aufgeben und damit in eine ungewisse Zukunft gehen möchten. Sie könnten z.B. nebenberuflich anfangen, sich einige private Kurse organisieren. Ihren Hauptberuf behalten Sie so lange wie möglich bei. Das hat den Vorteil, dass Sie eine Krankenversicherung, eine Rentenversicherung und die Pflegeversicherung haben. Zwar müssen Sie ab einem bestimmten Gewinn Ihre Einnahmen zusätzlich sozialversichern, aber Sie haben eine Quelle, aus der Sie noch lange Zeit trinken können, auch wenn es mit Ihrem Yoga-Unterricht nicht so gut läuft. Wenn Sie merken, dass Ihr Yoga-Unterricht großen Zuspruch findet und Sie keine Zeit mehr haben in Ihrem Hauptberuf zu arbeiten, versuchen Sie, Ihre Arbeitszeit zu reduzieren.

Sind 1.500,00 bis 2.000,00 Euro/Monat realistisch?
Ja, das ist realistisch!

Große Kurse mit einer niedrigen Kursgebühr und kleine Kurse mit einer hohen Kursgebühr, geht das?
Es gibt Zielgruppen, die bereit sind, eine höhere Kursgebühr für eine ganz klar begrenzte Gruppengröße zu zahlen. Sie können damit Werbung machen und das als Wettbewerbsvorteil einsetzen. Allerdings werden dann viele Menschen nicht in den Genuss Ihres Unterrichts kommen. Darüber müssen Sie sich im Klaren sein. Schwer wird es, wenn Sie in Ihrer Yogaschule an einem Abend kleine

*Fragen und Antworten*

Gruppen mit einer höheren Kursgebühr und an einem anderen Abend größere Gruppen mit einer niedrigen Kursgebühr anbieten. Die Menschen werden sich immer das aussuchen, was sich zu ihrem Vorteil erweist – kleine Gruppen für wenig Geld.

Ich habe mangelndes Vertrauen in meine Kompetenz und Angst vor der finanziellen Situation. Was soll ich tun?
Suchen Sie sich eine gute Yogalehrerin und beginnen Sie regelmäßig zu üben, das wird Ihre Angst reduzieren. Wenn Ihre Gedanken zur Ruhe gekommen sind, wird gleichzeitig Ihr Vertrauen „Sraddha" (Patanjali, 1.20) in die eigene Fachkompetenz steigen. Für Ihr betriebliches Vorhaben suchen Sie sich eine gute Beraterin. Planen Sie gut und lassen Sie sich viel Zeit. Damit lässt sich zukünftiges Leid vermeiden: „heyam duhkham anagatam (Patanjali 2.16).

Kann ich als Alleinverdiener eine Familie ernähren?
Ganz realistisch brauchen Sie mit einem guten Unternehmenskonzept und einer hohen Fachkompetenz ca. ein bis drei Jahre, bis Sie davon eine Familie ernähren können. Ist beides nicht vorhanden, lassen Sie die Finger davon. In jedem Fall rate ich Ihnen, sich vorher ganz genau auf die geplante Existenzgründung vorzubereiten und sich gerade in der Anfangsphase gute Helferinnen zu suchen.

Wie kann ich gegen meinen inneren „Bescheiden-bleiben-und-nicht-zu vielverlangen-Bremser vorgehen?
Mit diesem Glaubenssatz werden Sie in der Selbstständigkeit in Schwierigkeiten kommen. Mit einem schlechten Gewissen Geld für gute Arbeit zu nehmen ist unmöglich. Fragen Sie sich, woher dieser „Bescheiden-bleiben-und-nicht-Zuviel-verlangen-Bremser" kommt. Oft sind es Glaubenssätze, die in der Vergangenheit entstanden sind und auf der Erwachsenenebene immer noch wirken.

Trau ich mich oder trau ich mich nicht?
Trau´ dich!

## 13. Zu Guter Letzt

Ein Mann, der durch den Wald ging, sah einen Fuchs, der sein Bein verloren hatte und fragte sich, wie er überleben könnte. Da sah er, wie ein Tiger mit seiner Jagdbeute im Maul ankam. Der Tiger fraß sich satt und ließ die Reste des Fleisches für den Fuchs übrig. Am nächsten Tag fütterte Gott den Fuchs mit der Hilfe desselben Tigers.

Der Mann staunte über Gottes Erhabenheit und sagte sich: „Auch ich werde in einem ruhigen Winkel ausharren, im vollen Vertrauen auf den Herrn, und er wird mir alles besorgen was ich brauche."

So tat er viele Tage lang, aber nichts geschah, und er war schon dem Tode nahe, als er eine Stimme hörte, die sagte: „Oh Du, der Du auf einem Irrweg bist, öffne Deine Augen für die Wahrheit! Folge dem Beispiel des Tigers und höre auf, den behinderten Fuchs nachzuahmen!"

*Aus dem Buch „Geschichten des Herzens" von Jack Kornfield.*

# 14. Anhang

## 14.1 Formulare, Verträge

### 14.1.1 Anmeldebestätigung Yoga Kurs

Eva Mustermann, Hauptstr. 5, 99999 Yogahausen Tel.0000-0000000

Herrn
Klaus Müller
Am Weingarten 4
99999 Yogahausen

31. August 2010

**Anmeldebestätigung und Rechnung**

Sehr geehrter Herr Müller,

vielen Dank für Ihre Anmeldung zu meinem Yoga Kurs, über die ich mich sehr gefreut habe. Er findet am

**Mittwoch, 15. September 2010, von 18.00 Uhr bis 19.30 Uhr**

in der Hauptstr. 5, in Yogahausen statt.

Bitte bringen Sie lockere Kleidung mit. Yogamatten und Decken sind vorhanden!

Bitte überweisen Sie die Kursgebühr in Höhe von 160,00 Euro (10 Termine) in den nächsten Tagen auf das Konto-Nr. xxx xxx xx, Bank, (BLZ xxx xxx xx). Wegen der großen Nachfrage mache ich Sie darauf aufmerksam, dass Ihr Platz erst nach Eingang der Kursgebühr belegt ist! Sollten Sie sich nach der 1. Stunde abmelden, überweise ich Ihnen die Kursgebühr für 9 Abende anteilig zurück.

Bis zum 15. September 2010 verbleibe ich
mit vielen Grüßen

Eva Mustermann, Yogalehrerin BDY/EYU

*Anhang*

**14.1.2 Abmeldebestätigung Yoga Kurs**

Eva Mustermann, Hauptstr. 5, 99999 Yogahausen Tel.: 00000-0000000

Herrn
Klaus Müller
Am Weingarten 4
99999 Yogahausen

20. September 2010

**Abmeldebestätigung und Rückerstattung der Kursgebühr**

Sehr geehrter Herr Müller,

hiermit bestätige ich Ihnen die Abmeldung von meinem Yogakurs-Anfängerkurs. Die Kursgebühr in Höhe von 160,00 Euro erstatte ich Ihnen anteilmäßig mit 144,00 Euro zurück.

Den o.a. Betrag habe ich auf das von Ihnen angegebene Konto überwiesen. Ich wünsche Ihnen einen schönen Tag und verbleibe

mit vielen Grüßen


Eva Mustermann, Yogalehrerin BDY/EYU

*Anhang*

**14.1.3 Teilnahmebestätigung für die Krankenkasse**

Eva Mustermann, Hauptstr. 5, 99999 Yogahausen Tel.: 00000-0000000

Herrn
Klaus Müller
Am Weingarten 4
99999 Yogahausen

30. November 2010

**Teilnahmebescheinigung für die Krankenkasse**

Hiermit bescheinige ich Herrn Klaus Müller, dass er vom 15. September 2010 bis zum 30. November 2010 an einem Yoga Kurs (Hatha-Yoga) teilgenommen hat.

Der Unterricht wurde von Eva Mustermann, Yogalehrerin BDY/EYU, durchgeführt.

Der Präventionsinhalt des Yogakurses lag auf der Vorbeugung und Reduzierung spezieller gesundheitlicher Risiken durch geeignete verhaltens- und gesundheitsorientierte Bewegungsprogramme aus dem Hatha-Yoga.

Herr Müller hat an 9 von 10 Kurseinheiten à 90 Minuten teilgenommen.
Die Kursgebühr in Höhe von 160,00 Euro wurde bezahlt.

Mit freundlichen Grüßen


Eva Mustermann, Yogalehrerin BDY/EYU

*Anhang*

**14.1.4 Arbeitsvertrag Yogalehrerin**

Zwischen ........................... und ...........................
(Arbeitgeber)                              (Arbeitnehmerin)

wird folgender Arbeitsvertrag geschlossen:

**1. Tätigkeitsbereich**
Frau ................................. wird als Yogalehrerin mit ... Wochenstunden eingestellt. Die Yogaschule ..................... ist berechtigt, ihr auch andere, ihren Fähigkeiten entsprechende, gleichwertige Aufgaben zu übertragen.

**2. Beginn des Arbeitsverhältnisses/Probezeit**
Das Arbeitsverhältnis beginnt am ..................... und ist auf unbestimmte Zeit abgeschlossen. Die ersten 6 Monate gelten als Probezeit, in der das Vertragsverhältnis mit einer Kündigungsfrist von zwei Wochen gelöst werden kann.

**3. Vergütung und Sonderzahlungen**
Es wird ein monatliches Bruttogehalt in Höhe von Euro ..., zahlbar jeweils zum Monatsende vereinbart. Die Zahlung der Weihnachtsgratifikation in Höhe von Euro ............. erfolgt freiwillig und unter Vorbehalt des jederzeitigen Widerrufs. Auch durch mehrmalige Zahlungen wird ein Rechtsanspruch für die Zukunft nicht begründet.

**4. Urlaub**
Der Urlaub beträgt ....... Arbeitstage je Kalenderjahr. Er ist vor dem Urlaubsantritt zu beantragen und auf die betrieblichen Erfordernisse abzustimmen.

**5. Arbeitszeit**
Die Arbeitszeit ist von ....... bis ....... Uhr von Montag bis Freitag.

**6. Arbeitsverhinderung**
Bei Erkrankung oder sonstiger Arbeitsverhinderung ist die Arbeitnehmerin verpflichtet, die Yogaschule .....................unter Angabe der Gründe sofort zu verständigen oder verständigen zu lassen. Innerhalb von drei Kalendertagen muss eine ärztliche Arbeitsunfähigkeitsbescheinigung vorliegen, aus der sich die voraussichtliche Krankheitsdauer ergibt.

*Anhang*

**7. Kündigung**
Die Kündigung des Arbeitsverhältnisses richtet sich nach den gesetzlichen Vorschriften. Die Kündigung hat schriftlich zu erfolgen.

**8. Erlöschen von Ansprüchen**
Alle Ansprüche, die sich aus diesem Vertrag ergeben, sind von den Parteien innerhalb von 6 Monaten nach ihrer Entstehung zu erheben.

**9. Schlussbestimmungen**
Mündliche Nebenabsprachen sind nicht getroffen. Änderungen dieses Arbeitsvertrages bedürfen der schriftlichen Bestätigung.

.................................., den ..............
..................................         ..................................
(Arbeitgeberin)                    (Arbeitnehmerin)

*Anhang*

## 14.1.5 Bewerbungsschreiben Volkshochschule

Eva Mustermann, Hauptstr. 5, 99999 Yogahausen Tel.:00000-0000000

Volkshochschule Yogahausen
Fachbereichsleiter Gesundheit
Lotus Weg 108
99999 Yogahausen

24. September 2010

**Bewerbung als Honorarkraft für Ihre Yoga-Anfängerinnenkurse**

Sehr geehrte Damen und Herren,
hiermit bewerbe ich mich als Honorarkraft für Ihre Yoga-Kurse.
Ich werde meine Ausbildung zur Yogalehrerin BDY/EYU in den nächsten Wochen abschließen. Eine Bescheinigung meiner Ausbildungsschule über meine Lehrbefähigung habe ich diesem Schreiben beigefügt.

Da ich von Hauptberuf Diplom-Sozialpädagogin bin, sind meine Yogakurse nach § 20 Absatz 1 SGB V in der Primärprävention von allen gesetzlichen Krankenkassen anerkannt.

Mein Kurskonzept liegt diesem Schreiben bei.
Alle weiteren Fragen können wir in einem persönlichen Gespräch klären. Bitte rufen Sie mich zwecks Terminvereinbarung unter 00000 – 00000 an.

Ich wünsche Ihnen einen schönen Tag und verbleibe

Mit vielen Grüßen

Eva Mustermann, Yogalehrerin BDY/EYU

*Anhang*

## 14.1.6 Unterrichtsvertrag

Zwischen der Yogaschule ……………………………………….. und
Frau ……………………………………………………..
(im folgenden Teilnehmerin genannt)
kommt mit Wirkung vom …….. folgender Unterrichtsvertrag zustande:

### § 1
1. Die Yogaschule …………… gewährleistet einen qualifizierten Yogaunterricht.

### § 2
1. Der Yoga-Unterricht findet nach Absprache einmal wöchentlich statt und umfasst eine Dauer von …… Zeitstunden.
2. Die Unterrichtsgebühr beträgt … Euro /Monat.
3. Sie ist im Voraus per Bankeinzug oder Dauerauftrag zu entrichten.
4. Die Schulferien sind unterrichtsfrei.

### § 3
1. Die Yogaschule XYZ verpflichtet sich, die Unterrichtstermine einzuhalten.
2. Die Yogaschule XYZ stellt angemessene Unterrichtsräume zur Verfügung.
3. Unterrichtsstunden, deren Ausfall von der Yogaschule XYZ zu vertreten ist, werden zu einem später bezeichneten Termin nachgeholt. Unterrichtsstunden, deren Ausfall die Teilnehmerin zu vertreten hat, können nach Rücksprache mit der Yogaschule XYZ in anderen Kursen nachgeholt werden.

### § 4
1. Der Teilnehmerin wird eine Probezeit für den Fall eingeräumt, dass der Stil des Unterrichts mit den Vorstellungen der Teilnehmerin nicht vereinbar ist.
2. Beginn der Probezeit: …………………….
3. Ende der Probezeit: ……………………

### § 5
1. Eine Kündigung dieses Vertrags ist für beide Vertragspartner möglich. Die Kündigung bedarf der Schriftform.
2. Innerhalb der Probezeit beträgt die Kündigungsfrist einen Monat zum Monatsende.

*Anhang*

3. Nach Ablauf der Probezeit beträgt die Kündigungsfrist sechs Wochen zum Quartalsende.

**§ 6**
1. Änderungen und Ergänzungen bedürfen zu Ihrer Wirksamkeit der Schriftform.

**§ 7**
Selbstverantwortung
Bei den von uns organisierten Yogakursen wird Selbstverantwortlichkeit und normale psychische wie physische Belastbarkeit vorausgesetzt. Wenn Sie sich in psychotherapeutischer Behandlung befinden, besprechen Sie die Teilnahme bitte mit Ihrer Ärztin.

Wegen der Bestimmung des Heilpraktikerinnen Gesetzes weisen wir darauf hin, dass innerhalb der angebotenen Yogakurse keine Heilbehandlung durchgeführt wird.

Teilnehmerinnen mit Behandlungsbedürftigen Leiden bitten wir, mögliche Ursachen der Beschwerden mit einer behandelnden Ärztin/Heilpraktikerin abzuklären.

.................................................................................

Ort/Datum                    Yogaschule XYZ
Schülerin

## 14.1.7 Einzugsermächtigung

Hiermit ermächtige ich
Frau ..........................................
die monatlichen Gebühren in Höhe von .................... Euro
für den Yogaunterricht von meinem/unserem Konto abzubuchen.

Wenn das Konto die erforderliche Deckung nicht aufweist, besteht seitens des kontoführenden Kreditinstituts keine Verpflichtung zur Einlösung.

..........................................................................
(Vorname, Name)

..........................................................................
(Konto-Nr.)

..........................................................................
(Bank, Bankleitzahl)

..........................................................................
(Datum)                                                    (Unterschrift)

Diese Einzugsermächtigung erteile ich bis auf Widerruf!

*Anhang*

## 14.1.8 Zahlungs- und Teilnahmebedingungen

Anmeldung
Die Anmeldung erfolgt schriftlich. Sie ist verbindlich. Ihr Platz ist erst bei vollständiger Bezahlung der Kursgebühr belegt.

Sollte ein Yoga Kurs belegt sein, teilen wir Ihnen das mit, führen Ihre Anmeldung auf der Warteliste und benachrichtigen Sie, wenn noch ein Platz frei wird. Sollten Sie nicht nachrücken können, zahlen wir bereits gezahlte Kursgebühren in voller Höhe zurück.

Rücktritt
Sollten Sie sich nach der ersten Unterrichtsstunde abmelden, erstatten wir Ihnen die Kursgebühr anteilig zurück. Diese Regelung gilt nicht für Wochenendseminare und Yoga Tage.

Selbstverantwortung
Bei allen Seminaren ist Selbstverantwortlichkeit und normale psychische wie physische Belastbarkeit vorausgesetzt. Wenn Sie sich in psychotherapeutischer Behandlung befinden, besprechen Sie die Teilnahme bitte mit Ihrer Therapeutin. Wegen der Bestimmungen des Heilpraktikerinnen Gesetzes weisen wir darauf hin, dass innerhalb der hier angebotenen Kurse keine Heilbehandlungen durchgeführt werden. Teilnehmerinnen mit Behandlungsbedürftigen Leiden bitten wir, mögliche Ursachen der Beschwerden mit Ihrer behandelnden Ärztin/Heilpraktikerin abzuklären.

*Anhang*

## 14.1.9 Honorarvertrag Yoga-Übungsleiterin

Zwischen der Yogaschule ................................................................
und Frau ...............................................................
wird folgender Honorarvertrag geschlossen:

**1.** Frau .................... wird vom .......... bis zum ..........
mit maximal ............... Stunden als Yoga-Übungsleiterin eingesetzt.

**2.** Die Vergütung beträgt ............... Euro pro 45 Minuten. Die Auszahlung erfolgt nur für tatsächlich erbrachte Übungsstunden gemäß Abrechnung auf das Konto-Nr. ............................................
BLZ: ............................ Bank: ...................................
Evtl. anfallende Reise und Aufenthaltskosten werden nicht erstattet.

**3.** Die Yoga-Übungsleiterin ist nicht berechtigt, Werbung für eigene Yogakurse zu machen. Jedes Abwerben von Teilnehmerinnen ist grundsätzlich untersagt!

**4.** Die Tätigkeit als Honorarkraft (auch über mehrere Jahre) begründet keinen Anspruch auf eine dauerhafte Beschäftigung.

**5.** Die Yoga-Übungsleiterin verpflichtet sich, den sich durch die Entgegennahme der Vergütung ergebenden steuerlichen Verpflichtungen und ggf. der Zahlung von Sozialversicherungsbeiträgen selbständig nachzukommen.

**6.** Schlüssel sind nach Beendigung der Honorartätigkeit unaufgefordert zurückzugeben.

**7.** Für evtl. Nebentätigkeitsgenehmigungen ist die Yogalehrerin selbst verantwortlich.

**8.** Änderungen dieses Vertrages sind schriftlich zu vereinbaren.

Datum, Ort, .......................................

................................                    ....................................
Leiterin der Yogaschule                         Yoga-Übungsleiterin

*Anhang*

## 14.1.10 Kurskonzept für die Krankenkasse

Yoga ist eine über 5000 Jahre alte Philosophie. Hatha-Yoga oder auch Körper-Yoga bedeutet aktive, bewusste Entspannung. Die Wirkung beruht auf der Anspannung des Körpers während der Übung und der vollkommenen Entspannung nach der Übung. Bewusst entspannen heißt, die Wirkung im Körper spüren: Wärme, Lockerung der Muskulatur, Ruhe, die sich ausbreitet. Yoga-Haltungen wirken auf die Wirbelsäule, die Muskeln, die Blutgefäße, die Bänder und die Gelenke. Ein weiterer wesentlicher Bestandteil des Hatha-Yoga ist die Atmung. Durch den gleichmäßigen Atemrhythmus wird vor allem das vegetative Nervensystem, das unabhängig von willentlicher Beeinflussung arbeitet (Atmung, Kreislauf, Verdauung und Stoffwechsel), positiv beeinflusst. (siehe auch: „Yoga im Spiegel der Wissenschaft", Berufsverband der Yogalehrenden in Deutschland e.V.).

Ziel:
Spannungszustände abbauen
Steigerung der Entspannungsfähigkeit
Erhöhung der Konzentrationsfähigkeit
Verbesserte Durchblutung

Zielgruppe:
Gesunde Menschen, die mit Hilfe des Hatha-Yoga lernen möchten, ihren Körper bewusst zu entspannen, um somit verschiedene Spannungszustände abzubauen.

Inhalte:
Muskelanspannung
Muskelentspannung
Atemschulung
Yoga-Haltungen (Asanas)
Konzentrationsübungen

Methodik:
Gruppenprogramm zur Selbstentspannung
ganzheitlicher Ansatz
praktische Einübung
Anleitung zur Umsetzung im Alltag

*Anhang*

Teilnehmerinnenzahl:
max. 15 Teilnehmerinnen
Unterrichtsdauer:
10 Abende á 90 Minuten

Kosten:
150,00 Euro pro Person

## 14.2 Aufgaben

### 14.2.1 Unternehmenskonzept Volkshochschule
Sie haben sich als Yogalehrerin selbständig gemacht und arbeiten an drei verschiedenen Volkshochschulen als Honorarkraft. Sie arbeiten wie folgt:

| | |
|---|---|
| Montags | 1 Vormittagskurs und 2 Abendkurse |
| Dienstags | 1 Nachmittagskurs und 2 Abendkurse |
| Mittwochs | 1 Vormittagskurs, 1 Nachmittagskurs, 2 Abendkurse |
| Donnerstags | 1 Nachmittagskurs und 2 Abendkurse |
| Freitags | 1 Vormittagskurs |

Sie haben außerdem die Möglichkeit Wochenendseminare, Ferienseminare, Fastenseminare und einzelne Yoga Tage zu geben. Im Durchschnitt bekommen Sie 30,00 Euro Honorar für 90 Minuten Unterricht.

Sie fahren mit Ihrem eigenen PKW am

| | |
|---|---|
| Montag | 85 km |
| Dienstag | 120 km |
| Mittwoch | 95 km |
| Donnerstag | 120 km |
| Freitag | 30 km |

Von den Volkshochschulen bekommen Sie keine Fahrtkostenerstattung!

Das Frühjahrssemester beginnt Anfang Februar und endet Ende Juni. Das Herbstsemester beginnt Mitte September und endet Mitte Dezember.

*Aufgaben*

1. Erstellen Sie einen Umsatzplan. Erfassen Sie alle Erlöse, die Sie in einem Kalenderjahr erzielen können.

2. Wie hoch sind die Betriebskosten pro Kalenderjahr?
- Fahrtkosten (0,30 Euro/km mit eigenem PKW)
- Mitgliedsbeitrag
- Berufshaftpflichtversicherung
- Beitrag zur Berufsgenossenschaft (freiwillig)
- Beitrag Gebühreneinzugszentrale (GEZ)
- Nebenkosten Geldverkehr
- Telefon
- Werbung
- Kosten für Aus- und Weiterbildung
- Fachliteratur
- Büromaterial und Briefmarken
- Kosten für Steuerberaterin (Jahresabschlussarbeiten)

3. Wie hoch ist Ihr Gewinn?
Achtung! Die Beiträge zur Sozialversicherung (Krankenversicherung, Rentenversicherung und Pflegegeldversicherung) gehören nicht zu den Betriebskosten!

**14.2.2 Unternehmenskonzept Yogaschule (eigene Räume)**
Sie haben eine Yogaschule (120 qm) eröffnet. Pro Quadratmeter zahlen Sie eine Grundmiete von 5,00 Euro. Zurzeit kommen regelmäßig 100 Schülerinnen einmal wöchentlich in Ihren Unterricht. Die monatliche Gebühr beträgt 60,00 Euro. In den Schulferien findet kein Unterricht statt, die Bezahlung läuft weiter. Einmal im Monat geben Sie einen Yoga Tag mit 10 Personen (100,00 Euro). Im Frühjahr 2011 soll ein Fastenseminar (150,00 Euro) stattfinden. Im Sommer planen Sie ein Yoga-Ferienseminar (250,00 Euro).

Ein Raum Ihrer Yogaschule (10 qm) ist an eine Reiki Meisterin untervermietet.

*Aufgaben*

1 Erstellen Sie einen Umsatzplan!
1.1. Wie hoch sind die Erlöse, die Sie pro Kalenderjahr voraussichtlich erwirtschaften können?

a) aus dem Yogaunterricht
b) aus den Yoga Tagen
c) aus dem Fasten- und Ferienseminar
d) aus der Untervermietung


1.2. Wenn die Erlöse über 17.500,00 Euro liegen, müssen Sie 19% Umsatzsteuer an das Finanzamt abführen! Wie hoch ist dieser Betrag?

1.3. Wie hoch sind die Betriebskosten pro Kalenderjahr?
- Raummiete (mit 19% MwSt.)
- Kosten für Raumpflegerin (ohne MwSt.)
- Reinigungsmaterial und Hygieneartikel (mit 19% MwSt.)
- Dekorationsmaterial, Blumen, Kerzen, etc (mit 19% MwSt.)
- Mitgliedsbeitrag Berufsverband (ohne MwSt.)
- Berufshaftpflichtversicherung (ohne MwSt.)
- Betriebshaftpflichtversicherung (mit 17,75% Vers.-Steuer)
- Beitrag zur Berufsgenossenschaft (ohne MwSt.)
- Beitrag GEZ (ohne MwSt.)
- Beitrag zur GEMA (mit 7% MwSt.)
- Abschreibungen auf Investitionsgüter
- Nebenkosten Geldverkehr (ohne MwSt.)
- Werbung (mit 19% MwSt.)
- Telefon (mit 19% MwSt.)
- Büromaterial (mit 19% MwSt.)
- Internetauftritt (mit 19% MwSt.)
- Kosten für Steuerberaterin (mit 19% MwSt.)

1.4. Wenn die Erlöse über 17.500,00 Euro liegen, können Sie sich vom Finanzamt 19% Vorsteuer zurückholen! Wie hoch ist dieser Betrag?

1.5. Welche Vorteile, beziehungsweise Nachteile hat dieses Unternehmenskonzept?

*Aufgaben*

**14.2.3 Erstellen Sie einen Werbeplan**
Sie haben eine Yogaschule eröffnet. Für das nächste Kalenderjahr planen Sie einen Umsatz von 60.000,00 Euro. Um diesen Betrag zu erzielen, müssen Sie 5% bis maximal 10% von Ihrem Umsatz für Werbung ausgeben (3.000,00 Euro bis 6.000,00 Euro).

- Wie wollen Sie werben? (Anzeigen, Flyer, Visitenkarten, Plakate, Internet, etc.)
- In welchem Umfang wollen Sie werben? (Auflage der Handzettel, Briefe, etc.)
- Wo wollen Sie werben? (Werbeträger)
- Wann wollen Sie werben? (zeitlicher Abstand)

**14.2.4 Auswertung von Tageszeitungen**
Kaufen Sie sich die letzte Samstagsausgabe und heben Sie sich ein Exemplar des Werbeblattes vom Sonntag auf. Werten Sie diese beiden Zeitungen nach folgenden Inhalten aus:

- Welche Artikel sind für Sie in Bezug zu Ihrem Yoga-Unterricht interessant?
- Zu welchen Artikeln oder Anzeigen könnte Ihre Arbeit als Yogalehrerin passen?
- Wo könnten Sie sich vorstellen Yogakurse zu geben?
- Welche Artikel oder Anzeigen könnten Ihnen neue Verdienstmöglichkeiten erschließen?
- Durch welchen Artikel oder welche Anzeigen könnten neue Kontakte zu evtl. Kooperationspartnerinnen entstehen?
- Nach welchen Kriterien haben Sie die Zeitungsartikel und Anzeigen ausgesucht?
- Woher bekommen Sie die Telefonnummer der Ansprechpartnerin?
- Wie sieht Ihr weiteres Vorgehen aus?
- Schneiden Sie sich die für Sie relevanten Zeitungsartikel und Anzeigen aus und machen Sie sich eine To-Do-Liste. Ich bin sicher, dass Ihre Bemühungen Ergebnisse bringen. Mit der Zeit bekommen Sie einen Blick für solche Anzeigen. Ihr Focus wird sich in den nächsten Wochen verändern, da bin ich ganz sicher. Nur Mut, Sie schaffen das schon!

*Aufgaben*

## 14.3 Literaturempfehlungen

Carnegie, Andrew: Die Wahrheit über Reichtum & Geld, Oesch Verlag

Crawford, Tad: Das geheime Leben des Geldes, Conzett Oesch

Decker, Franz & Albert: Gesundheit im Betrieb, Rosenberger Verlag

Friedrich, Kerstin, Seiwert, L. J.: Das 1 x 1 der Erfolgsstrategie, mvg

Kerler, Richard: Die 66 Fehler im Management, Langen Müller/Herbig

Malik, Fredmund: Führen, Leisten, Leben, DVA-Verlag

Olbert, H.: Trainingsverträge – Beratungsverträge, managerSeminare

Seiwert, L. J.: Wenn Du es eilig hast, gehe langsam, birkenbihl media

Sriram, R.: Patanjali – Yogasutra, Arbeitsbuch, Eigenverlag

Tegtmeier, Ralph: Der Geist in der Münze, Goldmann-Verlag

Tracy, Brian: Thinking Big, Media Training

Wilde, Stuart: Geld: fließende Energie, Heyne-Verlag

Zimmer, Helga: Professionelles Texten, Ueberreuther

*Literaturempfehlungen*

## 14.4 Wichtige Adressen

**Bundesagentur für Arbeit**
Regensburger Straße 104
90478 Nürnberg
Telefon: 0911/179-0
Telefax: 0911/179-2123
Zentrale@arbeitsagentur.de
www.arbeitsagentur.de

**Bundesagentur für Arbeit**
Betriebsnummern-Service
Postfach 10 18 44
66018 Saarbrücken
Telefon: 01801 66 44 66
Telefax: 0681 988 429 - 1300
E-Mail: betriebsnummernservice@arbeitsagentur.de

**Minijobzentrale**
**Deutsche Rentenversicherung**
Knappschaft-Bahn-See
Service-Center
45115 Essen
Telefon: 01801 200 504
Telefon: 0355 2902-70799
Fax 0201 384-979797

**Deutsche Rentenversicherung Bund**
Ruhrstraße 2
10709 Berlin
Tel.-Nr. 030-8651
Service-Hotline: 0800-100048070
www.drv-bund.de

*Wichtige Adressen*

**GEMA**
Blücherstr. 6
30175 Hannover
Tel.-Nr. 0511-2838-0
www.gema.de

**GEZ**
Gebühreneinzugszentrale
50656 Köln
Service-Telefon: 0180-5016565
www.gez.de

**Verwaltungsberufsgenossenschaft Hamburg**
Deelbögenkamp 4
22281 Hamburg
Tel. 040 - 51 46 - 0

**Anerkannte Ausbildungsschule des Berufsverbandes der Yogalehrenden in Deutschland e.V.**
Yogaschule Braunschweig
Poststraße 5
38159 Vechelde
Tel.-Nr. 05302-4900
kontakt@yoga-ayurveda.com
www.yoga-ayurveda.com

**Berufsverband der Yogalehrenden in Deutschland e.V. (BDY)**
Jüdenstr. 37
37073 Göttingen
Tel.-Nr. 0551-797744-0
Fax 0551-797744-66
info@yoga.de
www.yoga.de

*Wichtige Adressen*

**Iyengar Yoga Vereinigung Deutschland e.V.**
Pappelallee 24
10437 Berlin
Tel.: 030-54714030
info@iyengar-yoga-deutschland.de

**Berufsverband der Yoga Vidya Lehrer (BYV) e.V.**
Wällenweg 42
32805 Horn - Bad Meinberg
Tel.: 05234-870
info@yoga-vidya.de

**Verband der Yogalehrenden im Kneipp-Bund**
Am Büchel 77
53173 Bonn
Tel.: 0228-234299
monika.swoboda@freenet.de

**3HO Deutschland e.V.**
Heinrich-Barth-Str. 1
20146 Hamburg
Telefon: 040-479099
info@3ho.de

**Deutsche Yoga-Gesellschaft e.V. (DYG)**
95469 Speichersdorf/Forsthaus
Deutsche.Yogagesellschaft@freenet.de

**ashtanga-yoga-association e.V.**
Kyffhäuserstraße 35-37
50674 Köln
0221-3101242
aya-ev@web.de

*Wichtige Adressen*

**KfW Bankengruppe**
Palmengartenstraße 5-9
60325 Frankfurt am Main
Infocenter: (0 18 01) 24 11 24
Tel. (0 69) 74 31-0
Fax (0 69) 74 31-29 44
infocenter@kfw.de
www.kfw-mittelstandsbank.de

**KfW Beraterbörse**
www.kfw-beraterboerse.de

**Philatelie Frankfurt**
Poststraße 16
60329 Frankfurt am Main
Tel.-Nr. 01805-246868

**Bausinger GmbH**
Yoga-Zubehör
Gottlieb-Daimler-Str. 2
72479 Straßberg
Tel.: 07434-600 und 607
Fax: 07434-604
info@bausinger.de
www.bausinger.de

*Wichtige Adressen*

## 14.5 Der Autor

Bernd Bachmeier

Jahrgang: 1954

Ausbildung zum Industriekaufmann - Weiterbildung zum Industriefachwirt -

Tätigkeit in verschiedenen Großunternehmen (Personalwesen & Marketing)

Ausbildung zum Yogalehrer BDY/EYU

Selbstständig als Yogalehrer seit 1983

Seit 1991 Leiter der BDY-anerkannten Ausbildungsschule (Yogaschule Braunschweig)

Vorstandsmitglied für Finanzen im Berufsverband der Yogalehrenden in Deutschland e.V. (BDY) von 1989 bis 1996

Selbstständig als Unternehmensberater für Yogalehrerinnen & Coach seit 1998

Weiterbildung in transpersonaler, körperzentrierter Psychotherapie

Reiseleiter in Indien (Selbstorganisierte Studienreisen)

Strategieausbildung (EKS - Engpasskonzentrierte Strategie)

Yoga-Einzelunterricht für Führungskräfte (VW, Deutsche Post & Dt. Bank)

seit Dezember 2002 Mitglied im Coaching Pool der Volkswagen GmbH

seit September 2009 Unternehmensberater der „Kreditanstalt für Wiederaufbau"

*Der Autor*

**Publikationen und CDs:**

Fasten & Yoga, Klarheit für Körper, Seele und Geist, Aurum-Verlag, 1992

pahari live, Sommer 2007

Mantrasingen live, Bernd Bachmeier & Group, August 2010

Vedische Mantren, Brahmananda Bernd Bachmeier & Mantra Dhyanam Gisela Bosrup, August 2010

---

BDY = Berufsverband der Yogalehrenden in Deutschland e.V.
EYU = Europäische Yogaunion

Printed in Germany
by Amazon Distribution
GmbH, Leipzig